株価予想の達人が教える

株投資

初心者でもチャートで逃さない
買い時・売り時

中原良太 著
ペロンパワークス 編

インプレス

目次

本書を読む前に❶

チャートでスゴイ株の「買い時」を見つける！ 6

本書を読む前に❷

株投資の3つのステップを知ろう！ 10

Part ❶ 株投資のきほん 13

01) そもそも株って何？ 14

02) 株を買うと何をもらえるの？ 16

03) 株価はどうやって決まるの？ 18

04) 新NISAのきほん❶ 非課税でお得に投資できる 20

05) 新NISAのきほん❷ 非課税期間はずっと続く 22

06) 口座開設はスマホで簡単に手続き可能 24

column1 配当金と株主優待のもらいかた 26

Part ❷ スゴイ株を探す 27

01) スゴイ株は「ストーリー」で探す 28

02) 企業価値向上ストーリー❶ 企業内部のカイゼンや革新 30

03) 企業価値向上ストーリー❷ 需要の増加	32
04) 企業価値向上ストーリー❸ ビジネスモデルの革新	34
05) 企業価値向上ストーリー❹ 同業他社の撤退	36
06) 企業価値向上ストーリー❺ 代替商品の不足	38
07) 悪い株の見分け方❶ 企業価値が伸びないと株価は上がらない	40
08) 悪い株の見分け方❷ 代えが利く会社は要注意	42
09) 株の「スゴさ」はROEに現れる	44
10) 企業の健康状態は決算情報で分かる	46
column2 筆者が注目するのはこんな株	48

Part 3 タイミングを見極める　49

01) 売買のタイミング❶ 逆張りとは	50
02) 売買のタイミング❷ 順張りとは	52
03) 注文方法❶ 「○○円で売買したい！」なら指値注文	54
04) 注文方法❷ 「すぐに売買したい！」なら成行注文	56
05) 注文方法❸ トレンドに乗るなら逆指値注文	58
06) タイミングを見極める3つの方法	60
07) 見極め方法❶ 割安感	62
08) 見極め方法❷ イベント	64
09) 見極め方法❸ チャート分析	66
10) ローソク足のきほん	68
11) ローソク足❶ 「ギャップ」は重大な材料が出たサイン	70

12）ローソク足⑧ 三空たたき込みが出たら底打ちが近い ……… 72

13）ローソク足⑨ もみ合いから上放れたら買い ……… 74

アノマリーでチョット小休止 大統領選のハネムーン相場 ……… 76

14）トレンドラインのきほん ……… 78

15）トレンドライン① 三角保ち合いはトレンド転換の前触れ ……… 80

16）トレンドライン② チャートにティーカップが現れたら高値更新まで待つ ……… 82

17）トレンドライン③ フラッグを上に抜けたら買いのサイン! ……… 84

18）トレンドライン④ 上昇後にもみ合いが発生したら要注目! ……… 86

19）トレンドライン⑤ チャネルラインを引いてトレンドを見極める ……… 88

20）出来高のきほんと活用方法 ……… 90

21）ダウ理論① トレンドの強さは出来高に現れる ……… 92

22）ダウ理論② トレンドは明確な転換サインが出るまで続く ……… 94

アノマリーでチョット小休止 1月と7月に株を買ってはいけない ……… 96

23）移動平均線のきほん ……… 98

24）移動平均線① 株価は移動平均線に引き戻される ……… 100

25）移動平均線② バンドと現在株価の位置関係から買い時を見極める ……… 102

26）移動平均線③ グランビルの法則 ……… 104

27）移動平均線④ トレンドを捉えるならパーフェクトオーダー ……… 106

28）移動平均線⑤ 買われ過ぎ、売られ過ぎが分かるエンベロープ ……… 108

29）オシレーター分析とは ……… 110

30）オシレーター分析① RSIで過熱度合いを察知する ……… 112

31）オシレーター分析② サイコロジカルサインで行き過ぎた投資家心理に気付く ……… 114

32）オシレーター分析③ ストキャスティクスで高値圏と安値圏を見分ける ……… 116

33）市場動向も同時に確認 ……… 118

column3 ファンダメンタルズ分析と
テクニカル分析はどう使い分ける? ……… 120

Part 4 ポートフォリオを改善する ……121

- 01) 運用の目標を設定すれば迷わない ……122
- 02) 金融所得を増やす2つの方法 ……124
- 03) 金融所得が伸び悩む2大要因 ……126
- 04) 分散投資でポートフォリオを強くする ……128
- 05)「ポートフォリオ評価シート」を作る ……130
- 06) 毎日の管理ルーティンを組み立てる ……132

column4 ストップ高の翌日、ストップ高銘柄はどうなる？ ……134

Part 5 脱初心者の投資判断 ……135

- 01) よくある投資の失敗パターン❶「好き」「嫌い」で投資先を決める ……136
- 02) よくある投資の失敗パターン❷ 人気や話題性だけで決める ……138
- 03) よくある投資の失敗パターン❸ 他人の意見を根拠にする ……140
- 04) よくある投資の失敗パターン❹ 過剰なリスクテイク ……142
- 05) よくある投資の失敗パターン❺ 成長株に飛びつく ……144
- 06) よくある投資の失敗パターン❻ 自信過剰による油断 ……146
- 07) よくある投資の失敗パターン❼ "付き合い"に流される ……148

最後に、筆者があなたに伝えたいこと ……150

実践してみよう！ ポートフォリオ評価シートを作る ……152

株の基礎用語 ……156

本書を読む前に❶

チャートでスゴイ株の「買い時」を見つける!

　まずは、本書で学べることをご紹介します。今はまだ専門用語が分からなかったり、何のことかピンとこなくても大丈夫です。本書を読み終えてから、巻末の基礎用語解説とともにあらためて見返すと、株投資のポイントがよく分かるはずです。

　未来は不確実です。予想できないことが起きるから不安になるし、判断に迷ってしまいます。投資でも同じです。今は株価が上がっていても「これから下がるかもしれない」と不安になります。逆に、株価が下がっていても「もう少し待てばお得に買えるかもしれない」と躊躇ってしまいます。**判断できずに迷っていると、株価が急上昇して「あの時買っておけばよかった……」と後悔するようなケースも少なくありません。**

　でも、もし未来を予測するヒントがあるなら? 株価がどうなるか判断できるなら、とても心強いのではないでしょうか。

　そのヒントの1つが、チャートです。**チャートは、株価の推移をグラフで表したもの。**値動きによってさまざまな形を作り、その形を分析することで、上がるタイミングを予測しやすくなります。本書では代表的なチャート分析の手法はもちろん、株投資の基本や買い方について紹介します。

👉 株にはさまざまな買い時がある

配当利回りが高く、
予想PERが低い
(割安水準)

決算発表で
好材料が出た
(重要イベント)

株価トレンドが
反転した
(チャート)

買い時が分かるのがチャート分析!!

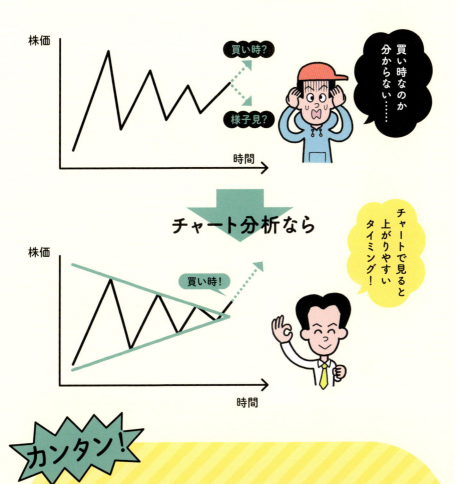

上がるチャートにパターンアリ

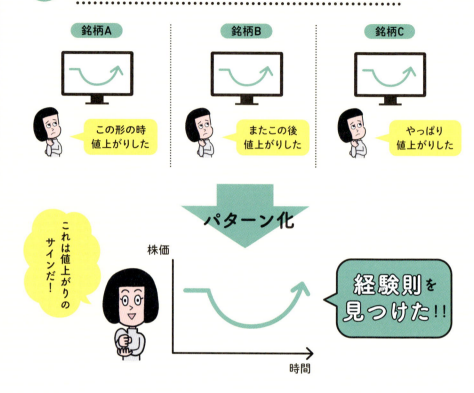

　チャートは株価の推移をグラフで表したものです。「そんなの見たって、何も分からないよ」と思うかもしれませんが、チャートは売買のタイミングを判断する上で貴重な手がかりといえます。

　例えば、過去に同じ形のチャートが100回出現して、そのうちの90回が値上がりしていたとしたらどうでしょうか？ **101回目の今回も値上がりしそうだと、考えられるのではないでしょうか。**

　株価はさまざまな理由で値動きするためチャート以外も意識する必要はありますが、**チャートは上がるタイミングに気付き、短期間で好機を掴むヒン**トなのです。

チャートから買い時・売り時を見極め

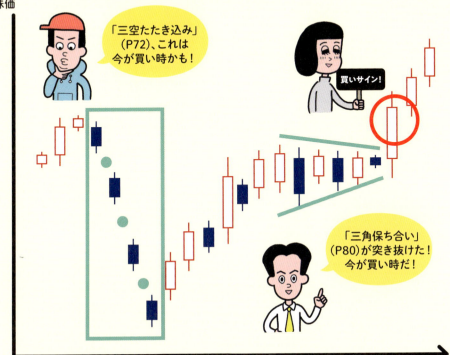

本書を読む前に❷

株投資の3つの
ステップを知ろう!

　「株投資って何から始めればいいの？」と不安に思う人もいるかもしれません。まずは大きな流れをおさえることから始めましょう。投資は大きく3つのステップで進めます。それは**（1）スゴイ株を見つける、（2）買い時を待つ、（3）ポートフォリオを改善して金融所得を右肩上がりに増やす、**です。

　（1）スゴイ株を見つけるには、その会社のストーリーに注目するのがポイントです。株は「高くても買いたい」「高くても売りたくない」と思う人が増えるほど、値上がりする仕組みです。では、欲しいと思われる株はどんな株か？　それは**「時間と共に企業価値が右肩上がりに増えていくストーリー」**を持った会社の株といえます。

　特に「大きな変化のあるストーリー」、具体的には、**①企業内部のカイゼンや革新が起きる、②需要の増加する出来事が起こる、③革新的なビジネスモデルが生まれる、④同業他社の撤退で生き残った企業に客が流れる、⑤代替商品の不足でその代替先の需要が高まる**などのストーリーがあると、大きな株価上昇が期待できます。

　スゴイ株を見分けるのが難しい場合、「悪い株を避ける」だけでもOKです。悪い株、つまり企業価値が増えない株はスゴイ株よりも簡単に見つけられます。業績や資金効率などから、成長しない株と還元しない株を避ければいいのです。ストーリーは「定性的」な分析ですが、それが本当に正しいかは「定量的（数字）」でも分析します。ストーリーと数字の両方で考えるのが大事です。スゴイ株の見つけ方、悪い株の見分け方はPart2で詳しく解説します。

ステップ① スゴイ株を探す

大きく上がる株には5つのストーリーがある

①会社内部のカイゼンや革新が起きる

トップ層の入れ替わりで経営改革に成功

②需要の急増する出来事が起こる

社会情勢や技術革新で需要が高まる

③ビジネスモデルの革新

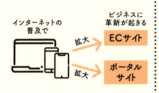

イノベーションが起きて新しいビジネスのかたちが生まれる

④同業他社の撤退

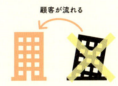

不祥事や倒産でライバルが減って「棚ぼた」で儲かる

⑤代替商品の不足

足りないものが現れると代替需要が伸びる

悪い株は2つのパターンで見分ける

①成長しない株
- 企業価値が伸びていくストーリーがない
- 業績が低迷していて改善の兆しが見られない
（EPSが減少傾向）

②還元しない株
- 資金効率が悪い
（ROE = 8％以下）
- 総還元性向が低い
（自社株買いや配当を出さない）

ステップ（2）・（3）で資産を大きく増やす！

ステップ(2) タイミングを見極める

割安感
益回り：8%
配当利回り：4%
→ これ以上なら割安と判断

イベント
→ 決算発表で好材料が出る

チャート
→ よい買い時を見極め

ステップ(3) ポートフォリオを改善する

スゴイ株を見つける → 買い時を待つ → ポートフォリオを改善して金融所得を右肩上がりに増やす（繰り返し）

　スゴイ株を見つけたら、次は買い時を待ちます。よい買い時は、「割安感」「イベント」「チャート」の3つで判断します。割安感は益回り（EPS÷株価）8%以上、配当利回り4%以上で判断。前向きな決算サプライズや自社株買いなど、イベントに影響されて相場が動く時は売買タイミングとなります。チャートを読めば、最新の動きに合わせてタイムリーな判断ができます。すでに持っている株がスゴイ株でなくなったり、タイミングが悪くなったりしたら乗り換えます。こうしてポートフォリオを改善していくことで、金融所得を増やしていきます。あとはステップ1〜3の繰り返しです。タイミングの見極めはPart3、ポートフォリオの改善はPart4で解説します。

Part 1

株投資
のきほん

株を購入して企業のオーナーになり、利益を得ることを目指すのが株投資です。まずは、株の仕組みや株価の決まり方、もらえる利益といった「きほん」をおさえましょう。

Part 1
01 そもそも株って何?

POINT
株を購入して企業のオーナーになるのが株投資

　投資家は、企業に対して出資をします。<mark>出資の対価として発行される株を保有している人を株主といい、企業は株主から得た資金を活用してさらなる成長を目指します。</mark>

　株主にはいくつかの権利が与えられます。その1つが議決権です。議決権は、企業の重要事項を決定する株主総会で、議案に対する賛否の投票をする権利です。なお、議決権は保有している株の数に応じて与えられるため、株を多く保有する株主ほど企業に対する影響力が大きくなります。

　また、上場株の場合、投資家は証券会社と証券取引所を介して株を売買します。代表的な取引所として東京証券取引所があり、この取引所には3つの市場区分があります。それぞれの市場には流通株数や株主数などの基準が設定されており、基準を満たした企業のみが上場できる仕組みになっています。証券取引所に上場しておらず、株を公開していない非上場企業も存在しています。非上場企業の株は当事者間での取引に限られ、上場株のように誰でも売買することはできません。

株主になれば企業の経営に関われるんだ

株は企業のオーナー権

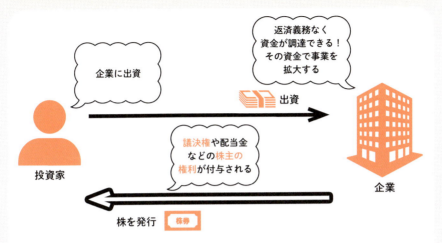

株を持つと株主総会など企業の経営に関する行事にも参加できる

企業への出資をすると、対価として株が発行されます。企業は投資家からの出資を受けることで返済義務のない資金を調達でき、投資家は株主としての権利が得られます。

株は証券会社、証券取引所を通じて取引する

株式市場のしくみ

日本株を購入できる取引所
東京証券取引所（ほかにも名古屋証券取引所、福岡証券取引所など）

プライム市場
時価総額も企業の管理体制も高い基準が求められる。
（例）任天堂

スタンダード市場
一定の流動性と基本的な管理体制が求められる市場。
（例）セリア

グロース市場
新興企業でも上場可能。高い成長可能性が要求される。
（例）ジモティー

上場企業に投資する場合、投資家は証券会社と証券取引所を通して、株と資金のやり取りをします。

Part 1 株券 株投資のきほん

Part 1
02 株を買うと何をもらえるの?

> POINT
> 株投資で得られる利益は
> 「値上がり益」「配当」「優待」の3つ

　株投資で得られる利益は、大きく分けて3種類あります。1つめは、値上がり益です。購入した株を売却した際に、購入時の価格との差額で得られる利益を指します。例えば、1株を1000円で購入し、売却時に株価が1500円に上昇していた場合、500円の値上がり益を得ることができます。

　2つめは配当です。配当とは、企業が得た利益の一部を株主に分配するものです。株主は保有している株数に応じて配当金を受け取ることができます。配当額は企業によって異なり、その年の業績や経営方針によって変わります。通常、配当の支払いは1年に1〜2回ですが、一部の外国株では四半期ごとに払われることもあります。

　3つめは株主優待です。株主優待とは、株を保有していることに対する、企業からのお礼の品です。内容は自社製品やサービスの割引券、ギフトカード、食品など多岐にわたります。優待の内容は保有している株数や保有期間によって変わる場合もあります。株主優待の実施は義務ではなく、各企業の判断によって行われるものです。

これらの金融所得を右肩上がりに増やし続けるのが理想です

安く買って高く売る 値上がり益

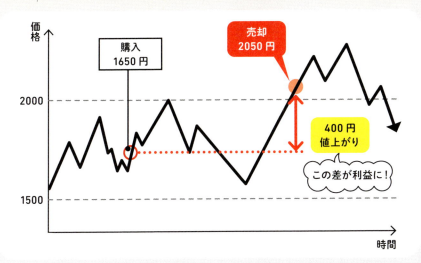

スゴイ株は時間とともに株価が伸びて価値が高まります。多くの値上がり益を得るには、そんなスゴイ株を見つけて、いいタイミングで買う必要があります。

Part 1 株券 株投資のきほん

優待や配当は企業から投資家へのお礼

株主優待は、株主が株を買って投資してくれていることに対するお礼です。保有年数や数によって内容が変わる場合もあります。

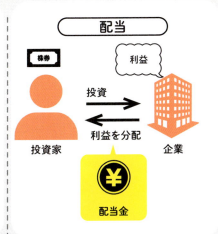

配当とは、企業が稼いだ利益の中から、株主に分配するお金です。保有している株数に比例して、受け取れる配当金が増えます。

Part 1 03 株価はどうやって決まるの?

> **POINT**
> 株価には企業価値と投資家心理が反映され、需要と供給の一致で決まる

　株価とは、1株あたりの値段のことです。株式市場では、売り手と買い手がそれぞれの希望する価格を提示し、希望価格が一致した時に取引が成立します。例えば、買い手が1株1000円で購入したいと思い、売り手が1株1000円で売りたいと思った時にその二人の取引が成立し、株が1000円で売買されます。株価はその株に対する市場での需要と供給のバランスによって決定します。その企業の株を欲しがる人が増えると株価は上がり、逆に株を手放したい人が増えると株価は下がるという仕組みです。

　需要と供給のバランスを動かす間接的な要因としては、企業の業績（**ファンダメンタルズ**）や、投資家の心理（**センチメント**）、があります。例えば、企業が業績拡大のサプライズを発表すると、株を買いたい人が増え、株価が上昇する傾向があります。逆に、企業の業績悪化を発表したり、決算発表などの前に様子見姿勢が強まったりすると、株を手放したい人が増え、株価は下がる傾向があります。

株価は短期的には人気投票で決まりますが、長期的には企業価値に連動します

株価は需要と供給で決まる

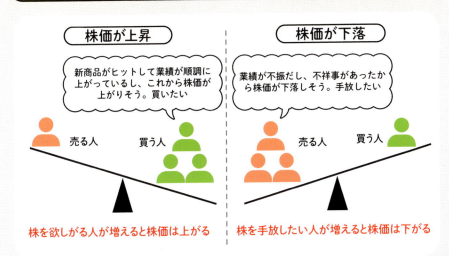

買いたい人（需要）が増えると株価は上昇し、逆に売りたい人（供給）が増えると株価は下がります。このように、買い手と売り手の動向が株価を左右します。

売り手と買い手の希望価格がマッチすれば取引成立

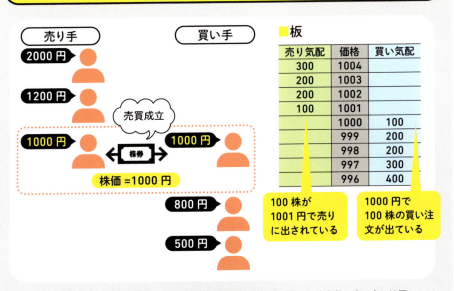

株の需給を表したのが「板」です。左が売りの注文数、右が買いの注文数、真ん中には価格が表示されます。板を見れば、取引価格や需要と供給のバランスがひと目で分かります。

Part 1 04 新NISAのきほん① 非課税でお得に投資できる

POINT
約20%が非課税！使わないのはもったいない

　NISAは投資で得た利益が非課税になる制度です。通常の投資では、得た利益に対して約20%納税する必要があります。そのため、投資で100万円の儲けが出た場合であっても、税金が引かれて手元に残るのは約80万円になってしまいます。一方、NISA口座の運用により得た利益は非課税のため、投資で100万円の利益を得たら全額まるまる受け取ることが可能です。投資家にとって非常に有利な制度なので、積極的に活用しましょう。

　NISAには**成長投資枠**と**つみたて投資枠**の2つの枠があります。成長投資枠は年間240万円まで投資が可能です。一方のつみたて投資枠は、年間120万円までしか投資できません。また、両者は選べる商品の自由度に違いがあります。つみたて投資枠では、一定の条件をクリアした投資信託とETFにしか投資できません。一方の成長投資枠では、つみたて投資枠で取り扱う商品を全て購入可能なことに加えて、個別株、つみたて投資枠で購入できない投資信託とETF、REITなどが購入できます。**「個別株に投資ができるのは成長投資枠だけ」**である点はおさえておきましょう。

成長投資枠の方が商品の自由度が高い

NISAの利益は非課税

100万円の利益が出た場合

通常口座での投資	NISA口座での投資
約2割が税金になる	**NISAは非課税！**

約80万円しかもらえない

100万円もらえる

通常口座での投資は、利益の約20％に課税されます。NISA口座で投資した場合は、非課税なので得た利益を全額受け取ることができます。

個別株投資は成長投資枠限定

	本書のメインはこちら 成長投資枠	長期積立投資専用の枠 つみたて投資枠
年間投資枠	240万円	120万円
生涯投資枠	1800万円（成長投資枠は1200万円まで）	
対象商品	個別株、投資信託、ETF、REITなど	投資信託、ETF
投資タイミング	自由	積立
運用期間	期限なし	期限なし

成長投資枠とつみたて投資枠では、投資上限額や対象商品に違いがあり、個別株は成長投資枠でしか購入できません。2つの投資枠は併用することが可能です。

Part 1

05 新NISAのきほん②
非課税期間は
ずっと続く

POINT
商品を売却しても枠が復活
無期限で1200万円がずっと非課税

NISAの注意点も覚えておきましょう。例えば、NISA枠で損をした場合、通常口座と異なり損益通算や繰越控除ができません。よって、NISA枠で買う場合は、利益につながる可能性の高い手堅い投資先を選ぶといいでしょう。また成長投資枠の場合、年間の投資上限額が240万円、生涯の上限額が1200万円に設定されています。既に購入した商品を売却することで投資枠が復活しますが、売却によって復活するのは商品を購入した当時の金額分だけです。つまり、購入後に運用によって利益が出ていても、利益分は枠の復活に加算されません。さらに、枠の復活は売却後すぐではなく、売却の翌年になる点も留意が必要です。復活する成長投資枠の枠は年間240万円までで、それ以上の金額分を売却しても枠の復活は翌年以降に持ちこされます。

また、NISA口座は1人1つしか持てない点もおさえておきましょう。NISA口座開設後に利用する金融機関を変更したくなった場合は、口座変更の手続きが必要です。その際、口座を変更しても資産は移管できないという点に注意しましょう。変更前の口座から新しい口座へ資産を移したい場合は、一度売却して新しい口座で購入し直す必要があります。変更前の金融機関で資産を保有し続けることも可能ですが、その場合、NISA枠の上限は変更前と新しい口座の合計額になります。年内に移換手続きを完了させたい場合、期日があるので注意しましょう。

売却分の投資枠が復活

NISA口座で購入した商品を売却すると、その商品を購入した時の購入金額分の投資枠が復活します。投資枠を使い切った後に欲しい商品ができたら、売却を検討しましょう。

NISA口座は1人1つまで

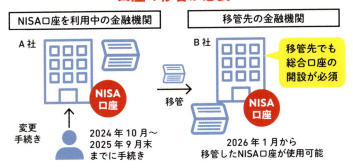

NISA口座は1人につき1つしか持てません。そのため、NISAを利用する金融機関を変更する場合は移管の手続きが必要です。9月までに手続きが完了すれば、翌年の1月から切り替わります。

Part 1

06 口座開設はスマホで簡単に手続き可能

POINT
スマホ1つで簡単に口座を作れる

NISAで投資を始めるには、金融機関に専用の**NISA口座**を開設する必要があります。また、NISA口座を開設するには、その金融機関に総合口座も必要なので用意しておきましょう。

多くのネット証券では、口座開設の手続きをスマホから行えます。スマホでの口座開設では、基本的に本人確認が必要です。本人確認の方法は主に2つ。**スマホのカメラで本人確認書類と本人の顔写真を撮影する方法と、本人確認書類の画像をアップロードする方法です**。本人確認書類を撮影する場合は、マイナンバーカードや運転免許証などを確認書類に利用できます。

楽天証券の口座開設の流れ

①楽天証券のトップページから
口座開設ページへ移動
https://www.rakuten-sec.co.jp/

②メールアドレスの登録

③本人確認書類の選択

④本人確認書類と顔写真の撮影

⑤お客様情報の登録

⑥「NISA口座」を開設を選択

⑦楽天サービスの利用の有無を選択

⑧ログインパスワードの設定

⑨最短翌営業日に、口座開設が完了する

総合口座には一般口座と特定口座がある

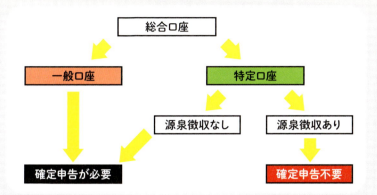

総合口座には「一般口座」と「特定口座」があり、一般口座を選ぶと一定額以上の利益が出た場合に確定申告が必要となります。特定口座であっても、「源泉徴収なし」を選択すると確定申告しなければならないので、手間を省きたい人は「源泉徴収あり」を選びましょう。

一部のネット証券は売買手数料が無料

手数料で選ぶならネット証券一択！

		楽天証券	SBI証券	マネックス証券
		NISAでも「楽天ポイント」で日米の株が買える	1300万口座を突破した人気No.1ネット証券	中国株の取扱数が豊富
売買手数料（NISA口座の場合）	国内株	無料	無料	無料
	米国株	無料 ※マネックス証券はキャッシュバック形式で実質無料		
商品数（NISA口座以外も含めた総合口座の場合）	日本株	約3890銘柄	約3950銘柄	約3940銘柄
	米国株	約4280銘柄	約4580銘柄	約4570銘柄
	その他	約2790銘柄	約2810銘柄	約3540銘柄

※商品数は2025年2月上旬時点の数値

金融機関は、手数料が安く、取扱銘柄数が豊富なネット証券が断然人気です。口座開設がスマホ1つで完結し、運用成績をアプリで確認できるなど、手軽さも魅力です。

Part 1 株券 株投資のきほん

column 1
配当金と株主優待の もらいかた

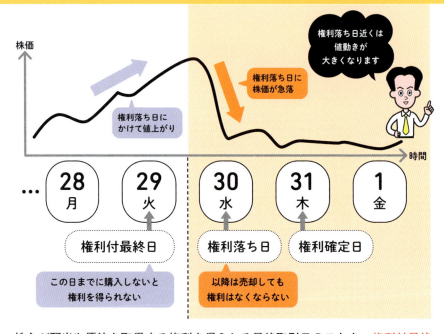

　株主が配当や優待を取得する権利を得られる最終取引日のことを、権利付最終日といいます。配当金や株主優待をもらうためには、権利付最終日の時点に株を保有し、株主名簿に記載される必要があります。1日でも過ぎてから株を購入した場合は、次回の受け取り可能時期まで配当や優待を受け取ることはできません。

　権利付最終日の翌営業日は権利落ち日と呼ばれます。株を権利付最終日まで保有していれば、権利落ち日に売却しても配当や優待をもらえます。権利落ち日には、株の売却が急増する傾向があり、株価が急落しやすくなっています。

　権利落ち日の翌営業日が権利確定日です。株を購入した人が株主名簿に記載されるのは、購入当日ではなく、購入日の2営業日後です。そのため、権利確定日の2営業日前である、権利付最終日までの購入が必要となるのです。権利付最終日はネット証券の個別銘柄ページなどで確認できます。

Part 2
スゴイ株を探す

株投資で値上がり益を得るには、安く買って高く売る必要があります。そのためには、時間とともに企業価値が右肩上がりに伸びていく「スゴイ株」を探すことが大切です。探し方はとってもシンプル。スゴイ株には5つのストーリーがあるからです。スゴイ株の探し方と、悪い株の見分け方を解説します。

Part 2
01 スゴイ株は「ストーリー」で探す

> **POINT**
> 企業価値が大きく伸びる
> 「ストーリー」を探せ！

　人は皆、「ストーリー」が大好きです。世界で売れている本の大半は小説ですし、テレビでは毎日、映画やドラマなどが放送されています。実は、株投資の世界でもストーリーが重要。なぜなら、**大きく上がる株には、企業価値が右肩上がりに伸びていくストーリーがある**からです。

　企業価値が伸びるストーリーには5つのパターンがあり、**①企業内部のカイゼンや革新、②需要の増加、③ビジネスモデルの革新、④同業他社の撤退、⑤代替商品の不足**に分類できます。特に、企業価値が短期間で大きく伸びるストーリーを持つ企業は、企業価値の増大とともに大きく値上がりすると期待できます。

　5つのパターンは、あらゆる業界（セクター）に当てはめられます。企業活動を取り巻く取引関係を全てカバーしているため、これらをおさえておけば、企業価値が伸びるかどうかを網羅的に判断できます。誰かに話したくなるくらい面白いストーリーを見つけたら、買いのチャンスです。

面白いストーリー探しがチャンスを掴む第一歩！

ストーリーで重要な要素は2つ

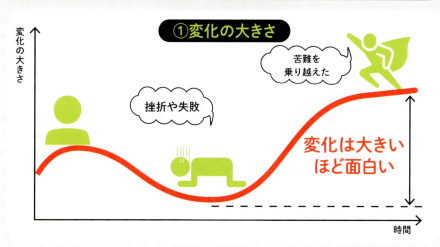

変化の幅が大きいストーリーは人を惹きつけます。株の世界で考えるのであれば、「平凡な企業が成長せず続いている」よりも、「経営不振だった企業の業績が一気に上がった」方が株価に与えるインパクトは大きいと考えられます。

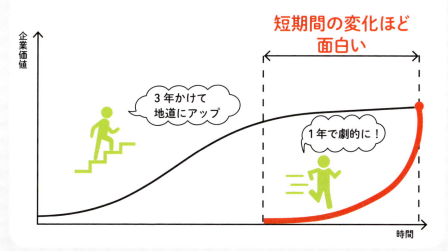

「どのくらい大幅に変化したか」の他に「どのくらいのスピードで変化したか」もストーリーの重要な要素です。同じ「企業価値が2倍になる」というストーリーでも、3年かけて企業価値が2倍になるよりも、1年で成果が出た方がインパクトが大きいです。

Part 2

02 企業価値向上ストーリー①
企業内部の カイゼンや革新

POINT
企業の内部が刷新されたら 業績がアップする可能性あり

　成長する企業のストーリーの1つめが「企業内部のカイゼンや革新」です。企業内部の要因として、主に経営陣・株主・商品が挙げられます。

　経営陣が刷新されると経営方針が大きく転換されます。過去の業績が悲惨でも「立て直しの実力者」が経営をカイゼンできれば、株価上昇の可能性があります。バーバリーとの契約が切れ赤字続きの三陽商会（東P・8011）は、ゴールドウイン（東P・8111）を再建した大江伸治氏を社長に迎えて返り咲きました。

　大株主の提案や議決で配当性向（P159）などの株主還元が拡充される企業もあります。「物言う株主」の米ヘッジファンド、エリオット・マネジメントが大日本印刷（東P・7912）の大株主になると、大日印は総額3000億円の自己株取得計画を発表、株価が上昇しました。物言う株主の介入は、株主を軽んじる企業が改善するチャンスになりうるのです。

　企業が大ヒット商品を出して話題になるというストーリーもあります。売り切れ商品や行列のできる店に気付いたら、一度企業を調べてみましょう。

　また、商品やサービスに替えが利かない特性があると、他社の参入障壁が上がり、安定して業績を伸ばしやすくなります。事業規模が大きい、他社が仕入れ元や販売先を確保できない、みんなが利用していたり乗り換えづらかったりするサービスを扱う、隙間市場（P158）の製品や特許・資格が必要な製品を扱うといった特性を持つ企業に注目してみてもよいでしょう。

030

企業の変化とトレンドに注目

①経営陣の刷新

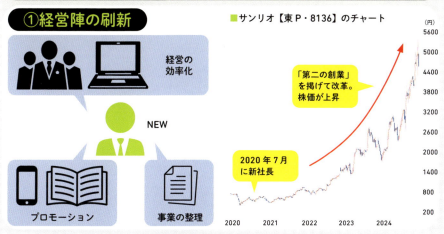

経営陣が入れ替わると経営体制の改革や新事業の展開などへの期待が高まり、株価が上昇することがあります。経営陣の「若返り」は企業価値増大につながるケースも多いです。

②株主の介入

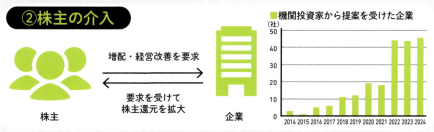

機関投資家（P156）をはじめとするアクティビスト（物言う株主）は、企業価値向上を目的として企業に積極的な提案を行います。株主の提案を参考にする企業は増加傾向にあり、徐々にスタンダードとなっています。

③新商品のヒット

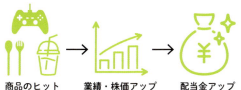

■社会現象になった商品・サービス

パズドラ	ガンホー・オンライン・エンターテイメント（東P・3765）
Nintendo Switch	任天堂（東P・7974）
スポットワーク	タイミー（東G・215A）

ヒット商品は企業の業績を大きく押し上げます。業績の向上は株価（売却益）だけではなく、配当金のアップにもつながるうれしい要因です。

Part 2

03 企業価値向上ストーリー②
需要の増加

POINT
世の中の大きな変化は
主要顧客の急増につながる

業績拡大の直接的な要因の1つとして「主要顧客の急増」が挙げられます。今までは売れ残っていた商品でも、社会情勢の変化や技術革新などによって売れ筋商品に化けることがあります。需要拡大の恩恵を受けている企業の株は、企業価値が向上すると期待できます。

社会情勢の変化で大きく需要を伸ばした分野に「防衛」があります。2022年にロシアがウクライナを侵攻して以降、戦争をしている2国のみならず世界中で防衛ニーズが高まりました。ロシアの隣国である日本も例外ではなく、防衛産業の関連銘柄の業績が伸びました。2022年以前に防衛関連の銘柄に投資していれば、大きな利益を狙えたかもしれません。

技術革新も新たな需要を生みます。これも2022年にアメリカのOpenAIが「ChatGPT」を発表したのを皮切りに、生成AIはかつてないブームとなっています。これに伴い、高性能な半導体や関連装置の需要は高まり、関連企業の業績がますます伸びそうです。

売り切れ、予約待ちの商品を見つけたら、どのような事情で売れているのかや、販売元を調べてみるとよいでしょう。

社会の変化から利益が生まれる

例① 社会情勢の変化

国際関係の変化 → 防衛分野の需要増加

外国人観光客の間で日本が人気に → 飲食・宿泊の売上増加

為替変動 → 輸出産業の業績に追い風（自動車・化学・電化製品）

国際関係の変化や、コロナ禍以降のインバウンド需要は、特定の業界の業績に大きな追い風となりました。また、為替の変動も企業の業績に影響を及ぼします。例えば、円安になると国内品を安く輸出できるようになるため、輸出企業の海外での売上が伸びる可能性も期待できます。ニュースに注目すると、注目すべき銘柄が見えてくることもあります。

日々のニュースに儲けの種は転がっている

例② 技術革新

AIの普及・進化
- 半導体や関連装置の需要が伸びる
- データセンター向けの電力需要が伸びる
↓
関連銘柄に注目が集まる

技術革新によって新たな業界が生まれたり、これまでの商品の需要がますます高まることもあります。生成AIの普及は、高性能な先端半導体や関連装置の需要を生み出すほか、データセンター向けの電力需要の拡大にもつながります。

新たに普及しているものに注目

Part 2
04 企業価値向上ストーリー③ ビジネスモデルの革新

POINT
企業運営の選択肢が充実することで革新につながる

ビジネスモデルの選択肢が増えることで、大きく企業価値を伸ばす企業もあります。

例えば、インターネット技術は情報を発信したり、受信したりするコストを限りなくゼロに近づけました。これにより、店舗で販売するという方法だけでなく、ECサイトへの出品やネットショップの開設で商品を販売できるようになったり、さまざまな予約サイトから顧客を獲得したりできるなど、企業戦略の選択肢が増えました。また、このような流れを受け、膨大になった情報を整理して消費者に提供する「比較サイト」が多く利用されるようになっています。新たに生まれたモノやサービスを使って、効率的なビジネスモデルを生み出した企業の多くは、旧態依然とした非効率な企業を打ち負かし、企業価値を伸ばしています。インターネットは「情報通信の供給網が充実した」ことによる変革でした。

他にも飲食業では、「注文はスタッフか端末か、どちらで対応するか」「配膳は人がやるかロボットに任せるか」など、人に任せてホスピタリティを武器にするか、ロボットに任せてコストを抑える戦略でいくか、会社によって考えはさまざまでしょう。いずれにせよ、企業戦略の選択肢が充実することは、ビジネスモデルの革新にとってとても重要といえます。

運営の選択肢が増えるとビジネスのかたちが激変

インターネットが普及・発達

↓

情報へのアクセスがしやすくなる

↓

新たなビジネスモデルが生まれる

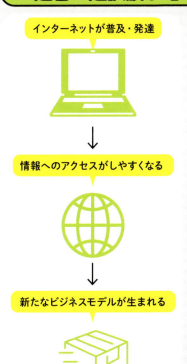

中原先生のチョット小話

「情報」の増加で比較サイトの需要が伸びた

ECサイトや量販店の価格を提示して比較

消費者の選択肢が増えることで、「情報」を整理して公開する比較サイトの需要も伸びました。技術革新が起きた後は、その技術を前提とした新たなビジネスモデルに注目です。

Part 2 スゴイ株を探す

インターネットの普及で、モノや情報の仕入れ先が増えたことによってECサイトが発展。現在では、多くのモノを店舗の場所を問わずに売買できるようになりました。

■ MonotaRO（東P・3064）

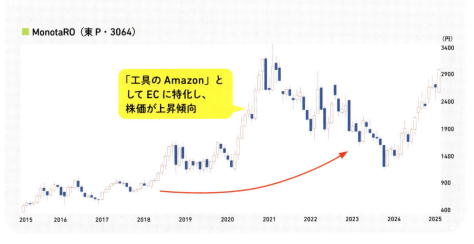

「工具のAmazon」としてECに特化し、株価が上昇傾向

Part 2 05 企業価値向上ストーリー④ 同業他社の撤退

POINT
ある企業の撤退は
他社にとってシェア拡大のチャンス

　ある企業が撤退したら、ライバル企業に注目です。撤退した企業の顧客が、ライバル企業に流れてシェアを拡大できるかもしれないからです。これを**残存者利益**と呼びます。ある種「棚ぼた」のような変化ではありますが、見つけたらチャンスです。

　企業の撤退していく例としては、**「労使関係が悪くストライキを起こされる」**や**「経営陣や社員が不祥事を起こす」**などがあります。例えば、2023年にはアメリカの自動車大手メーカー3社で大規模なストライキが発生しました。これにより同社の作業は滞り、1週間あたりの生産量は約15万台分減少したといわれています。そのメーカーの熱心なファンでもない限り、消費者は別のメーカーの車を選択すると考えられます。他社にとっては販売台数が伸びる追い風となったといえます。

　企業が撤退する動きは、ニュースで気付けることが多くあります。普段からアンテナを張っておくとよいでしょう。

撤退する企業を見つけたら、代わりにどこが儲かるかを考えてみよう!

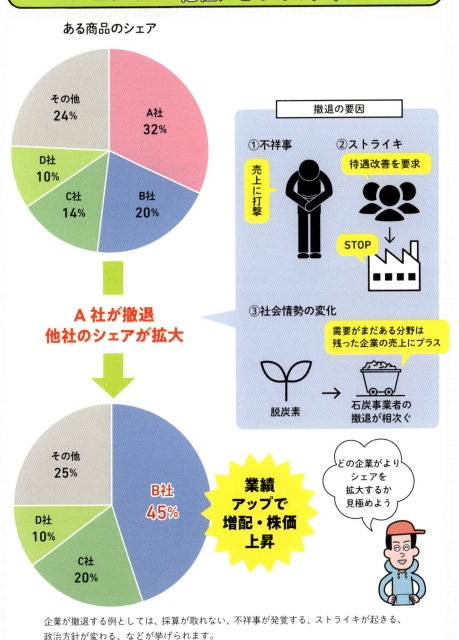

Part 2

06 企業価値向上ストーリー⑤
代替商品の不足

POINT
Aが足りなくなると代わりにBが売れる

　最後のストーリーは**代替商品の不足**です。簡単に言うと、**相互に代わりの利くAとBという商品があった場合に、Aの供給が足りなくなり、Bの方に需要が殺到するというようなイメージです**。これも「同業他社の撤退」同様、棚ぼた的なストーリーといえます。

　具体例を見ていきましょう。2021年に半導体不足で新車の納期が遅れたことがありました。すると、消費者が中古車市場へ殺到し、中古車の価格は1年で30％も上昇したのです。

　代替商品の不足は法改正や社会変化でも生じるケースがあります。例えば、2020年から22年にかけてのコロナ禍での外出制限などが挙げられます。旅行などの娯楽ができなくなった代わりに、巣ごもり消費やアウトドア用品の売れ行きが好調となり、関連銘柄の株価は上昇しました。供給不足は企業にとって売上アップ、投資家にとって大きな利益のチャンスです。

意外なところで「棚ぼた」のチャンスも

供給不足でも需要はすぐには落ち込まない

欲しいものが手に入らない時、私たちは必要ないと諦めるか、代わりになるものを探します。贅沢品の場合は諦めることが多いですが、生活必需品となると代わりを探すことになります。

供給が減る原因は2つ

①供給網の混乱

2021年に供給網が混乱し、自動車向け半導体が不足する事態が起こりました。その結果、ユーザーは中古車に殺到し、中古車価格は高騰しました。

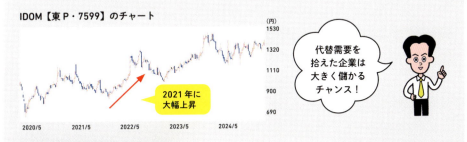

代替需要を拾えた企業は大きく儲かるチャンス！

②法改正や社会変化

（例）コロナ禍

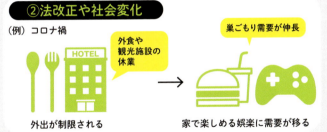

コロナ禍で外出が制限され、外食や観光ができなくなる代わりに、フードデリバリーや家で楽しめる娯楽に対しての消費が活発になりました。

Part 2 07

悪い株の見分け方①
企業価値が伸びないと株価は上がらない

POINT
需要の変化に適応できない企業は衰退していく

「スゴイ株」には企業価値が右肩上がりに成長する5パターンのストーリーがあると紹介しましたが、悪い株はその逆の特徴を持っているといえます。

例えば、**経営陣が変わらず古い体制のままだったり、新製品が出なかったりする企業は新しい変化がなく、業績が停滞しがち**です。

また、時代の流れとともに流行は移り変わり、市場の需要も変化し続けています。社会情勢が大きく変わることで、消費者の需要が変わり、これまで売れていた商品が売れなくなることもあります。**需要の変化に適応して事業展開できる企業は伸びていきますが、需要の変化に適応しない企業は落ち込む**ことになります。

例えば、数十年前までは「かっこいい俳優が吸っているから」と売れたタバコや「安いし美味しいから」ということでジャンクフードが大人気でした。しかし、時間とともに健康志向が高まったことで、売れにくくなっています。

成長しない**悪い株**を見分けるためには、**新しい挑戦をしているか、需要の変化に対応できているかを確認する**ようにするとよいでしょう。

流行が「一時的なバブル」かどうかをしっかり調べて見極めよう！

刷新のない企業に未来はない

新製品の開発がなかったり、旧態依然とした組織体制が放置されていたりして、組織能力がカイゼンしない企業は、時間とともに企業価値が目減りしていきます。投資先を選ぶ時は、企業の経営方針や組織能力にも注目してみましょう。

需要の変化についていけない会社は取り残される

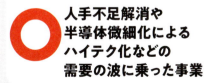

「かっこいい俳優が吸っているから」と売れたタバコや「安いし美味しい」ことで大人気なジャンクフードは、健康志向が広まるとともに売れなくなっています。顧客の需要は時間とともに変わりますから、適応できない企業は業績も伸びません。

Part 2

08 悪い株の見分け方②
代えが利く会社は要注意

POINT
同業者に代替されるリスクは避ける

「企業価値向上ストーリー③・④・⑤」で紹介したように、社会情勢の変化や技術革新によって新しいビジネスモデルが市場を席巻することがあります。また、同業他社が画期的な商品を開発するなどした場合、ライバル企業にとっては脅威となる可能性が高く、シェアを奪われるリスクが高まります。言い換えれば、「既存のビジネスモデルに執着せざるを得ない企業」や「同業他社に取って代わられるリスクが高い企業」は避けた方がよいのです。特に同業者に代替されやすいのは、参入障壁の低い産業です。具体的には、小資金で始められる事業や、乗り換えやすい商品は要注意です。例えば、ソーシャルアプリケーションゲームは小規模でも始めやすく、ユーザーは飽きるとすぐに別のアプリへ乗り換えてしまいます。いまの業績がよくても、長続きするとは限りません。

また、既存のビジネスに固執しない点も重要です。例えば、近年はインターネットが普及し、オンラインショッピングを利用する人が急増しています。一方、従来の店舗型の販売法だけを続けていると顧客獲得の機会を失う可能性も。新たな技術などで優れたビジネスモデルを作れるようになった時、ビジネスモデルを根本的に転換する必要が生じることがあります。大きな企業ほど大きな変化には痛みが伴うため、なかなか方針転換できずに他社にシェアを奪われることも多いです。(これを「イノベーションのジレンマ」といいます。)

042

参入障壁が低い産業は要注意

例：ソーシャルアプリケーションゲーム
（ソシャゲ）やスマホアプリなど

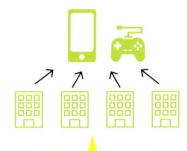

参入障壁が低く、
入れ替わりが激しい

参入障壁が低い産業の特徴
- 小規模で始められる
- 資金をかけずに始められる
- 乗り換えやすい
- 仕入れ元や販売先を確保しやすい
- 特別な資格が必要ない

など

「この会社が潰れると、主要顧客はどれだけ困るか？」を考えてみましょう。大して困らない場合は、業績悪化リスクが高い恐れがあります。

既存のビジネスモデルに固執しない

○ 新しい技術を取り入れ、ビジネスモデルを革新できる会社

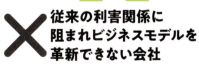
× 従来の利害関係に阻まれビジネスモデルを革新できない会社

既存のビジネスモデルに固執せず、新しく優れた技術を取り入れてビジネスモデルを革新できる会社はその後の成長が期待できます。

Part 2 09 株の「スゴさ」はROEに現れる

> **POINT**
> 会社の「スゴさ」は長期的な
> ROE（またはROIC）で分かる

　これまでもスゴイ株、悪い株の見分け方を紹介してきましたが、もう1つ筆者が参考にしているのが **ROE（自己資本利益率）** または **ROIC（投下資本利益率）** です。投資の神様と呼ばれるウォーレン・バフェットのように「永久保有する株を探そう！」となると、この2つを重視すべきです。

　ROEとは、投資家から集めたお金をもとに会社がどれだけ利益を出せたかを表す数値で、高ければ高いほど経営効率がよいといえます。一般的には8％を上回ると投資価値があるとされており、筆者の場合は **ROE15〜20％程度の会社なら平均的な価格（PER15倍）、ROE10〜15％程度の会社なら平均の半額（PER7〜8倍）を購入の目安にしています**。ROEやROICが低い会社は「お金を稼ぐ仕組みが弱い」ので、長期投資先としては効率が悪いと考えています。アメリカ株ではありますが、45年で株価が1万倍になったホームデポのROICは20％くらいです。すごいですね。

　会社の「スゴさ」は長期的なROEに表れます。長くROEが高い数値で推移している会社は、効率よく利益を出し続けているわけですから、事業基盤が盤石であり、今後の成長も期待できます。

※PERはP62を参照

中長期的なROEの高さを要チェック！

ROEで企業の経営効率がひと目でわかる

$$ROE(\%) = \frac{当期純利益}{自己資本}$$
(自己資本利益率)

高いほど**経営効率がよい**
筆者の目安はROE**15**%以上
業界平均の1.5倍以上が目安！

業種ごとの平均ROE比較

鉱業	7.28%
製造業	10.23%
電気・ガス	2.49%
情報・通信	11.86%
小売業	7.23%

※経済産業省「2023年企業活動基本調査集計結果 - 2022年度実績」より

$$ROIC(\%) = \frac{営業利益 \times 0.7 ^{※}}{株主資本 + 有利子負債}$$
(投下資本利益率)　　　　　　　　　　　　　※（1 - 実効税率）

投資家から預かった株主資本（自己資本）に対する純利益の割合を示すのがROE、他人資本である銀行などからの借り入れ資本も含めた実質的な投下資本に対する利益を示すのがROICです。筆者はROEは15%以上、ROICは10%以上を目安にしています。

ROEが高くていい企業はこんな企業

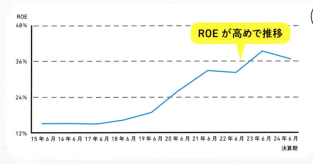

●レーザーテック【東P・6920】

ROEが高めで推移

一時的ではなく中長期で高いROEが理想

ROEが10%以上と高めで推移しており、業績も安定している会社を積極的に探しましょう。例えば、レーザーテックは過去10年間のROEが14～42%程度で推移しています。

Part 2

10 企業の健康状態は決算情報で分かる

POINT
決算短信で前年比や現金収入をチェック

　お買い得な株を探したいなら、企業の健康状態ともいえる財務状況を決算短信で確認しましょう。決算短信はいくら儲けたかが記載された「損益計算書」、いくら財産を保有しているかを表す「貸借対照表」、どう現金が動いたかが分かる「キャッシュ・フロー計算書」の3種類の決算情報が記載されています。

　決算情報は何か1つを見れば完璧というものではなく、複数の情報について、前年からの成長度をチェックすることが大切です。企業の商品やサービスを提供して得られた売上金額の合計を示す売上高、売上高から仕入れ費用や人件費を差し引いた本業の儲けを示す営業利益、税金面などさまざまな損益を計算した最終的な企業の利益を示す当期純利益が代表的な項目です。これらは決算短信の1ページめに記載されています。

　しかし、営業利益や当期純利益は「会計上の利益」で、これらは現金収支とずれることがよくあります。中には「現金収入がないのに会計上の利益を見せかける」粉飾会計などが行われることもあります。こういったリスクを避けるために、筆者は会計上の利益に対して、現金の収支が十分にあるかどうかを確認します。重視するのは本業でいくら現金を稼いだかを示す営業キャッシュ・フローで、決算短信でも確認できます。目安は営業キャッシュ・フロー＞営業利益×0.7※で、営業キャッシュ・フローの方が大きければ安心です。

※1- 実効税率

決算短信は3つの視点で健全度がわかる

- 損益計算書 → いくら儲けたか
- 貸借対照表 → いくら財産があるか
- キャッシュフロー計算書 → どう現金が動いたか

↓

決算短信

ここを見ればざっと財務状況が確認できる

決算短信は前年からの成長を見る

トヨタ自動車の2024年3月期決算短信

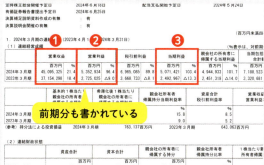

❶ 売上高
→ 事業の規模

❷ 営業利益
→ 本業で稼いだ利益

❸ 当期純利益
→ 最終的な企業の儲け

❹ 営業活動による
キャッシュ・フロー
→ 営業活動における
現金の収支

→さらに現金収入がどれくらいあるかをチェックして……

❹営業キャッシュ・フロー ＞ ❷営業利益× 0.7 なら安心

売上高や営業利益の前期比を見るだけでなく、現金収支（キャッシュ・フロー）についてもチェックしておきましょう。キャッシュ・フローの項目の中でも、上記のとおり営業活動によるキャッシュ・フローを重視します。現金残高が増えていても、借入金で増えているなら財務状態は健全とはいえません。営業利益と比較して、現金収支の内訳を確認します。

column 2
筆者が注目するのはこんな株

代替の利きにくい事業は手堅くてヨシ！

東P・2157
コシダカホールディングス

株価	1051円
PER	11.55倍
PBR	2.8倍
ROE	24.2%
配当利回り	2.28%

カラオケチェーン店「まねきねこ」は業界トップの店舗数を誇り、海外へも展開中。その他、温浴事業などエンターテインメントサービスを提供。

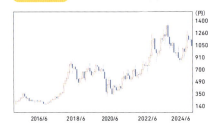

安定成長している THE 割安優良株

東S・8117
中央自動車工業

株価	4585円
PER	10.42倍
PBR	1.61倍
ROE	17.3%
配当利回り	3.01%

ディーラー向けに自動車用のコーティング剤など、自社企画の自動車用品を販売する。自動車補修部品の輸出事業も行っている。

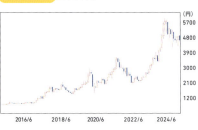

　日本株は割高だと言う人もいますが、過去の日経平均の推移を見ると今後も成長の見込みがあり、適正価格よりも安く放置されている銘柄は意外とあるものです。
　筆者が気になる銘柄はカラオケ事業を展開するコシダカホールディングスと、自動車のコーティング剤等を販売する中央自動車工業。どちらもROEが高く、安定成長を続けているのも魅力です。カラオケは流行の入れ替わりの激しいゲームと異なり、代替の利きにくいエンタメだと考えています。中央自動車工業は同業他社とうまく棲み分けており、今後の成長が期待できます。

※データは2025年1月時点

Part 3

タイミングを見極める

スゴイ株を見つけても、売買タイミングを間違えてしまうと大きな利益は狙えません。値動きを正確に予測することは誰にもできませんが、チャートの形などから値上がり、値下がりの予兆を見つけることができます。ここでは売買のタイミングを計る3つの方法を解説します。

Part **3**
01 売買のタイミング①
逆張りとは

POINT
企業価値が盤石で割安なのに
理不尽に叩き売られているものを買う

株は売買するタイミングの見極めが重要です。まず、その準備として、逆張りや順張りなどの取引手法や、注文方法についておさえていきましょう。

値下がりしている株を購入するスタイルを逆張りといいます。**日本株市場は逆張りが有利といわれ、4年かけて他の銘柄より下がっている株を買うと収益性が高い**という研究結果があります。

逆張りは **PER（P62）が低い株**や、**配当利回りの高い株を狙った割安株投資**と相性がよいです。ただし、逆張りが成功するのはあくまで「安く売っている相手が間違えているため」です。決算が悪いなど、もっともな理由で売られている「安かろう悪かろうな株」を買うと失敗しやすいので注意しましょう。業績がよいのに、割安水準まで株価が下がってきた銘柄が狙いめといえます。「安くなったら買う」「高くなったら買う」スタイルなので、P54で解説する**指値注文と相性がよい**です。

2014年～2023年の株価データ上では、以下のチャートが現れた時に逆張りで株を買うと、成績がプラスになりました。

・25日移動平均乖離率（P100参照）が-10%
・25日ボリンジャーバンド（P102参照）が-2σ

株価の動きに逆らうのが逆張り

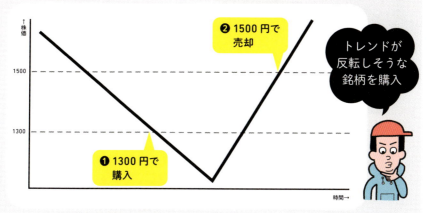

例えば、上の図のように株価が1300円の時に購入し、1500円に値上がったら売却すると、1株200円の値上がり益が出ます。

中原先生のチョット小話
盤石な割安株が不当に売られたらチャンス

　逆張りで買うべきは「企業価値は盤石で割安。なのに不当に株価が下がっている」ケースです。もともと割安なので、株価が下がってもすぐ反発すると期待できます。

　逆張りに向いている銘柄やセクターとしては、社会インフラを支えているなど、簡単には業績が悪化しない企業です。例えば通信キャリアのKDDI。同社株は5日移動平均線を株価が割り込むと、その後に反発したことが多いです。

Part 3 02 売買のタイミング② 順張りとは

POINT
企業価値が急激に伸びているのに、株価が追いついていない銘柄を買う

　株価が上がったら買い、株価が安くなったら売る、というように、株価の流れに合わせて売買するスタイルを**順張り**といいます。上方修正などで企業価値が急激に伸びていることで株価が上がったり、株価が上がったことで需給が軽くなったりしたタイミングを狙います。「上がったら買う」「下がったら売る」スタイルなので、**P58で解説する逆指値注文や、P56で解説する成行注文と相性がよい**です。

　逆張りは株価が下がっていても反発するまで含み損に耐えますが、順張りでは株価が下がったら初動で売るため、**1つ1つの取引で大きな損をしにくいのがメリット**です。一方、株価が上がりすぎたタイミングで買うと「高値づかみ」になるリスクもあります。筆者の経験では日本株市場の場合、相場全体が上昇基調の時に、出遅れてゆっくり上がっている銘柄を買うと利益につながることが多くありました。**「今スポットライトを浴びている主役」よりも「これからスポットライトを浴びそうな脇役」に注目**するのがいいでしょう。

損は早く切り、利益をじっくり伸ばして、上昇気流に乗る！

株価の動きに追従するのが順張り

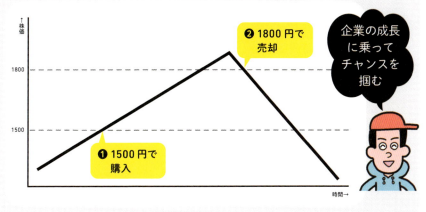

上のチャートでは株価が上昇している時に1500円で購入。その後、株価が下がり始めたので1800円で売却して、1株あたり300円の利益が出ています。

 中原先生のチョット小話

一見不合理でも、うまくいく理由がある

　順張りは「株価が高くなったら買う」ため、一見すると合理性がないように思われますが、うまく機能する2つの理由があります。

　1つめの理由は税金です。日本では株を売却した際に、利益を得た人が利益の2割を国に納税します。このため、値上がりが期待できる株は、売却せずに持ち続けると税金を払わずにすむため、株が売られにくい状態になるとされています。

　2つめの理由が暴落を避けやすいことです。株が暴落する時は、まずは株価がゆっくり下がり始め、その後に「売りが売りを呼ぶ状況」となって、価格が一気に下がる傾向にあります。順張りでは株価が下がり始めたらすぐに売るので、含み損が広がる前に、損が小さいうちに逃げられるのです。

Part 3

03

注文方法①
「◯◯円で売買したい！」なら指値注文

逆張り　バリュー株　ディフェンシブ株

タブは、有効な売買タイミング、銘柄タイプを示しています。
銘柄のタイプは P156 ～の基礎用語集を参照ください。

POINT
自分の希望する価格で発注できる

　株投資は「**いくらで買うか・売るか**」**が重要**です。いい銘柄を見つけても、買い時・売り時を逃してしまっては意味がありません。いろいろな注文方法を使いこなせれば、ここぞというタイミングを逃さずに取引することができるようになります。

　指値注文とは、「1500 円以下で買いたい」「2000 円以上で売りたい」などの希望を提示し、希望を満たす取引相手が現れた場合に株を売買できる注文方法です。自分が希望する価格で発注できるため、**予想以上の高値で株を買ったり、手持ちの株を安値で売ってしまったりしなくてすむのがメリット**です。

　取引時間中に株価を見られない場合は、執行条件を長く指定することで「安くなったら買い付ける」ことが可能です。適正株価の目安は予想 PER 12.5 倍以下なので、条件を満たす株価を指定すれば、自分の条件に合う取引相手が見つかった時に株を購入できます。

取引が成立することを約定といいます

購入したい価格を指定する

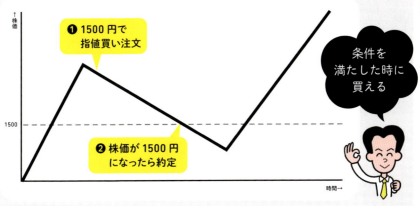

「予算の範囲内で買いたい」と思うのであれば、指値注文を利用。現在よりも安い価格を指定することで、株価が指定価格まで下がったタイミングで約定します。

注文時に価格を指定する

注文手順

❶ 購入する株の数量を指定
❷ 「指値」を指定
❸ 購入価格を指定
❹ 執行条件を指定

「執行条件」では注文の有効期間を指定します。約定しなかった場合、有効期間が切れたタイミングで注文がキャンセルされます。

Part 3

04 注文方法②「すぐに売買したい！」なら成行注文

(順張り) (グロース株) (シクリカル株)

POINT
基本的にはすぐに約定する速度重視の注文方法

指値注文が「自分の条件に合う取引相手をじっくり待つ注文」なら、**成行注文**は「取引相手の条件に合わせたスピード重視の注文」です。成行注文では、注文価格を指定せず、「その時点で売買が成立する価格」で約定します。

株取引には**時間優先の原則**があり、同じ注文があった場合、先に入った注文から優先して約定します。さらに、**価格優先の原則**によって、売りは安い注文から、買いは高い注文から順に約定していきます。そのため、**株価を指定する指値注文と比べて、成行注文は取引が優先される傾向があり**、注文後、すぐに取引が実行されるというメリットがあります。

一方、成行注文で株を買うと、**想定以上に高い株価で約定する可能性もある**ため注意が必要です。

例えば、株価が1500円まで下がり、「お買い得だ」と思って買い注文しても、直前に大量の買い注文が入っていた場合、1500円より高い価格で約定する場合があります。特に、**市場価格が大きく変動している場合や、証券取引所で売買される株の数量（出来高）が少ない場合には、想定外の価格で約定しやすくなる**ので気を付けましょう。

056

市場の動きにすぐ対応できる

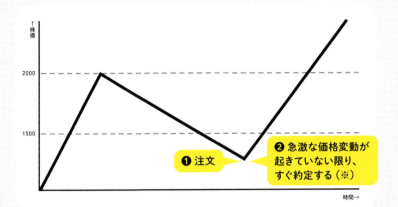

予算を考えず、今すぐ急いで買うのが有利な場合は成行買い注文を利用しましょう。早く売るべき株がある場合は、成行売り注文を使うといいでしょう。

注文時に「成行」を指定する

注文手順
1. 購入する株の数量を指定
2. 「成行」を指定
3. 執行条件を指定

執行条件で注文期限を指定する

※「株の売買が何円単位で行えるか」を定めた呼値に該当しない価格を指定すると取引できない呼値制限や、1日の株価の変動幅を制限する値幅制限などに該当する場合は除く

Part 3

05 注文方法③ トレンドに乗るなら逆指値注文

順張り　グロース株　シクリカル株

POINT
上がったら買い、下がったら売り

　逆指値注文は注文の予約機能のようなもので、「ここまで株価が上がったら買い注文を出してくださいという予約」「ここまで株価が下がったら売り注文を出してくださいという予約」ができます。

　逆指値注文には**逆指値・指値注文**と**逆指値・成行注文**の2種類があります。逆指値・指値の買い注文は、例えば「逆指値2000円、指値2500円」とすると、「株価が2000円を上回ったら、2500円での指値注文を出す」という内容になります。つまり、**「株価が2000円を超えたら、予算2500円以内なら買ってください」**という注文です。

　逆指値・成行の買い注文は、例えば「逆指値2000円、成行」とすると、「株価が2000円を上回ったら、成行の買い注文を出す」という内容になります。つまり、**「株価が2000円を超えたら、いくらでもいいから株を買ってください」**という注文です。

　逆指値を使った買い注文は「高くなったら買い注文を出す」ので違和感があるかもしれませんが、例えば「決算発表日に決算の内容がよくて株価が上がったら買いたい」といった時に使えます。重要な発表が控えている会社の株を買う時には、便利な発注方法です。

　逆指値を使った売り注文では「安くなったら売り注文を出す」ことになります。これは、損失が一定以上に膨らまないようにロスカット（損切り）する時に使うのが一般的です。

上昇トレンドに合わせて購入できる

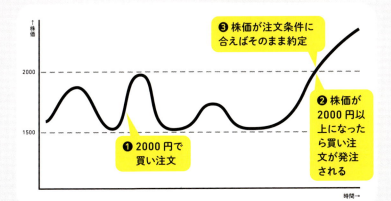

売りと買いの圧力が拮抗し、株価が一定の値幅で上下している局面（もみ合い）では、値幅を上回る価格を指定することで、高値更新のタイミングに株を購入できます。

注文時に価格を2種類指定する

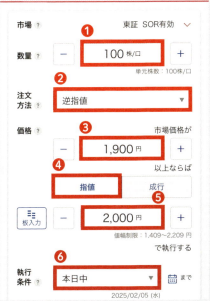

注文手順

❶ 購入する株の数量を指定
❷ 「逆指値」を指定
❸ 逆指値注文が発動する価格を指定
❹ 逆指値の条件を満たした後の発注方法を指定
❺ ❹で「指値」を指定した場合、指値注文の価格を指定
❻ 執行条件を指定

「逆指値・指値」というように注文方法を2つ指定

Part 3 タイミングを見極める

注文方法③

Part 3

06 タイミングを見極める3つの方法

POINT
「割安感」「イベント」「チャート」を
組み合わせて買い時・売り時を見極める

　株の買い時を見極める方法は3つあります。

　1つめの**割安感**は、EPSを株価で割った「益回り」8%以上を目安に見極めます。EPSとは1株あたりの純利益で、当期純利益を発行済み株数で割った金額です。証券会社のサイトなどで確認できます。純利益は配当金の原資になるので、EPSは将来的に投資家が受け取る利益とも見なせます。

　2つめは決算発表などの**イベント**を活かす方法です。上方修正を発表した会社の株を後追いで買ったり、自社株買いが行われたタイミングで便乗したりする方法があります。**自社株買いは株を買う圧力になるうえ、自社の株は割安だ！と宣言しているようなものなので、株価が上がると期待**できます。

　3つめが、**チャート**にサインが現れるのを待つ方法です。詳しいチャートパターンの種類については、P66から解説します。

　これら3つの条件を組み合わせて、買い時と売り時を見極めます。

いいタイミングで買って利益を大きくする！

利益が大きくなる買い時を待とう

見極め方法①

割安感を益回りで確認

$$EPS \div 株価 = 0.08 以上$$

EPSとは……

投資家が将来的に受け取れる利益

配当金（定期的に支払われる利益） ＋ 内部留保（将来、配当金に使われるかもしれない利益）

見極め方法②

イベントによる値上がりを確認

自社株買い / サプライズ決算

株を買う圧力に

業績の上方修正などの好サプライズ

見極め方法③

チャートにサインが現れるのを確認

ソフトバンクグループ【東P・9984】
週足 ローソク　日付：2020年4月10日～2021年9月24日

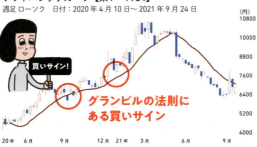
グランビルの法則にある買いサイン

複数の方法で判断！

Part 3　タイミングを見極める

061

Part 3

07 見極め方法①
割安感

POINT
投資判断指標をチェックして
割安株や成長株を探す

　株投資は、「安く買って高く売る」のが基本です。**できるだけお買い得、つまり割安なタイミングで買うことが重要**です。いくらスゴイ株でも、割高な株価だと投資妙味が薄れてしまいます。スゴイ株が見つかったら、株価指標を見て足元の割安度をチェックしてみましょう。

　その指標の1つが **PER（株価収益率）**です。PERは、投資先がこれからも同じペースでお金を稼いだ場合、元を取るのに何年かかるかを示しています。10倍＝純利益の10倍の株価、ということですから、利益維持なら元を取るのに10年かかります。したがって、**PERが低ければ低いほど割安**といえます。ただし、成長性が高い場合はPERが高くても問題ない場合があるため、企業の成長性と照らし合わせながら判断するようにしましょう。

　もう1つの指標が**予想配当利回り**です。筆者が調べてみたところ、**予想配当利回りが4％を超えると配当がたくさんもらえるだけでなく、株価も上がる傾向**にありました。ただし、配当に必要な利益がないにもかかわらず、過剰な配当金を行う**タコ配（タコ足配当）**や、業績が悪化しているところは例外です。あくまで狙うべきは「今の配当利回りが高く、長期的な増配が期待できるところ」です。

株価指標の見方と目安

投資先が稼いだ利益と株価を見比べる

$$PER\text{（株価収益率）} = \frac{株価}{1株あたりの当期純利益}$$

低ければ低いほど割安
目安は **12.5倍**

全業種の平均PERは15倍

PER 15倍 / 1株当たり 100円 / 株価 1500円 / 1株あたり利益 100円 / 株価

投資先から受け取れる配当と株価を見比べる

$$予想配当利回り(\%) = \frac{1株あたり配当（予想）}{株価}$$

あくまで狙うべきは今の配当利回りが高く長期的な増配が期待できるところ

配当利回りの考え方

 配当金50円の場合

株価1000円 = 50円 / 1000円 = **5.0%**

株価2000円 = 50円 / 2000円 = **2.5%**

予想配当利回りの高い企業

企業	利回り	企業	利回り
エフ・シーシー（東P・7296）	6.63%	商船三井（東P・9104）	5.49%
タチエス（東P・7239）	5.89%	日本触媒（東P・4114）	5.43%
東洋建設（東P・1890）	5.86%	日本たばこ産業（東P・2914）	5.02%
ユニプレス（東P・5949）	5.54%	三ツ星ベルト（東P・5192）	4.79%
神戸製鋼所（東P・5406）	5.50%	日本カーボン（東P・5302）	4.72%

※2025年2月5日時点

Part 3

08 見極め方法②
イベント

POINT
決算タイミングの「過小反応」「過大反応」は買い

　売買タイミングを見極める2つめの方法が「イベント」です。イベントといってもさまざまありますが、特に筆者が重視しているのが**決算発表**です。決算とは、企業が業績や財務情報を発表するもので、3ヵ月単位の四半期決算と、1年単位の本決算があります。3月を決算期とする企業が多く、4～6月頃に本決算が公表されます。こうしたイベントとチャートを併せて確認し、「過小反応」「過大反応」を探しましょう。

　「過小反応」とは、上方修正が出ているなど決算はよかったのに株価があまり上がっていないような状態です。今後値上がりする可能性があるため買い時と考えられます。特に、**グロース株（成長株）やシクリカル株（景気敏感株）との相性がいい**といえます。

　決算が悪くて暴落したけれど、一過性の要因で企業自体は盤石、株価も割安な「**過大反応**」が起きている場合も、買い時です。こちらは、バリュー株（割安株）やディフェンシブ株（景気の影響を受けにくい株）と相性がいいでしょう。

決算の結果と市場の動きの違和感に注目

決算と株価を併せて見る

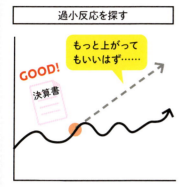

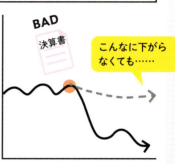

チャートは企業分析と併せて違和感に注目しましょう。特に、市場の過小反応、過大反応は掘り出し銘柄を見つけるチャンスです。

決算発表後に暴落するも、反発

KDDI【東P・9433】
日足 ローソク 日付：2022年10月11日〜2023年7月5日

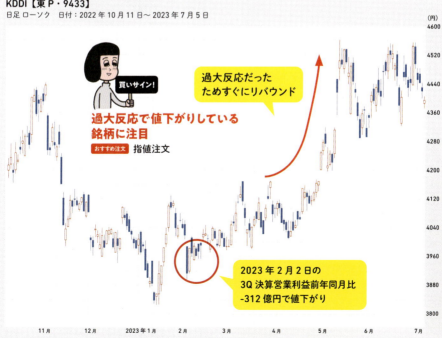

見極め方法②

Part 3 タイミングを見極める

Part 3

09 見極め方法③ チャート分析

POINT
チャートで 「買い時」と「売り時」に気付く

株価チャートとは、株価の動きを時系列に沿って表したグラフです。1日、1週間、1ヶ月というように表示する期間を指定することで、株価の短期的な動きも、長期的な動きも確認できます。

株価の変動には企業のファンダメンタルズやニュース、投資家たちの個別の投資行動、投資家心理などが織り込まれており、チャートにはそれが現れます。そのため、チャートに急激な値動きを見つけたら、「何があったんだろう」と調べたり、面白そうな銘柄を見つけたりする気付きのきっかけになります。**また、チャートを分析する手法をテクニカル分析といい、株の買い時・売り時を見極めるヒントにもなります。**

例えば、「過去にチャートが似た形になった時は株価が上がった。だから買いだ」、「今は買われすぎている様子だから、株価がもうすぐ下がるだろう」とタイミングを見極められるのです。

なお、移動平均線（P98）などのテクニカル指標は、株価を使って計算した指標です。株価のトレンドを確認したい時は、トレンドライン（P78）を利用するといいでしょう。

チャートは証券会社のサイトにて個別銘柄のページから表示できます。

066

きほん テクニカル分析のバリエーション

ローソク足

1日や1週間など、一定期間における株価の値動きを表したもの。

トレンドライン

チャートの上端、または下端を結んだ線。株価が上昇傾向か、下降傾向かを測る。

ほかのテクニカル指標

移動平均線

株価の平均値を表したもの。向きや角度で相場の大きな流れを知るのに用いる。

オシレーター系指標

一定期間における株価水準を表す指標を使って、相場の過熱感を分析する手法。銘柄の「買われすぎ」「売られすぎ」を判断するのに用いられる。

ローソク足やトレンドライン、その他のテクニカル指標など、株価を使った分析手法はさまざまあります。目的に合わせて使い分けましょう。

実例チャート チャートではさまざまな分析ができる！

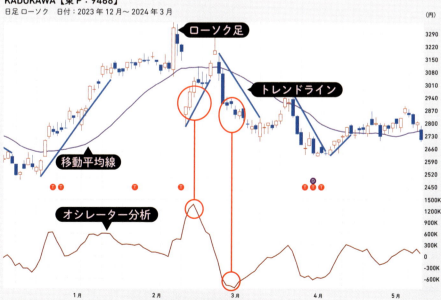

チャートには、上昇トレンドなのか下降トレンドなのか、高くなっているのか安くなっているのかなど、相場の動きを読み解く情報が詰まっています。詳しくはP68から解説します。

Part 3 タイミングを見極める

見極め方法③

067

Part 3

10 ローソク足のきほん

POINT
1つのローソク足を見れば
4つの株価がひと目で分かる

ローソク足とは株価チャートに並んでいる、長方形（実体部）と直線（上側が上ヒゲ、下側が下ヒゲ）を組み合わせた図形のことです。

陽線と陰線の2種類があり、陽線は赤（または白）、陰線は青（または黒）で表されるのが一般的です。陽線はローソク足の示す期間中に株価が上がったことを、陰線は期間中に株価が下がったことを示しています。

ローソク足の各部位はそれぞれ4つの株価を示しています。陽線の場合、長方形の下辺はその期間中に最初に取引された株価である**始値**を、上辺は最後に取引された株価である**終値**を表します。陰線の場合は上辺が始値、下辺が終値となります。

また、四角形の上下に伸びた線は、上端が高値を、下端が安値を意味します。

終値と始値が同じで、長方形がない「十字線」と呼ばれる形や、高値と始値、あるいは終値が同じで上端がない「カラカサ」と呼ばれる形もあります。

ローソク足には
複数の形がある

株価の動きがひと目で分かる

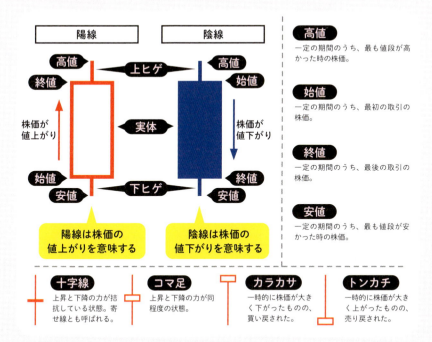

線が四角形の下にだけ伸びている陰線は、株価が始値を一度も上回ることなく値を下げた……というように、1本のローソク足からは多くの情報が読み取れます。

足の形から株価の変動を読み取る

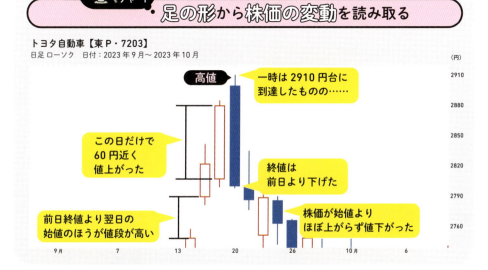

Part 3 11 ローソク足① 「ギャップ」は重大な材料が出たサイン

順張り　グロース株　シクリカル株

POINT
ローソク足が開いた方向で取引時間外に出た材料が分かる

　相場転換を判断する上で注目したい形の1つが**ギャップ**です。ギャップとは、**前日終値と翌日始値が大幅に開いたことで、隣り合うローソク足に隙間ができた状態を指します**。この隙間を「窓」と呼ぶこともありますが、窓はヒゲ（当日の高値・安値を示す線）を含みます。つまり、ヒゲが重なっている部分は窓が空いているとはいいません。前日終値を当日始値が上回るものをギャップアップ（GU）、反対をギャップダウン（GD）といいます。ギャップは大きな材料とともに現れて、その後も株価の動きが続きやすいです。

　GUはマーケットが閉まってから好材料が出るなど、買い注文が増えた時などにあらわれます。GDは、当日の始値が前日の終値を大幅に下回った状態で、悪い決算が発表されるなど、**ファンダメンタルズに危険な変化が起きているケースがよく見られるので気を付けましょう**。

ギャップの開いた方向でトレンドが分かる

きほん ギャップの方向で相場を予想

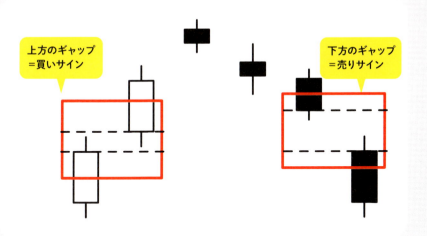

取引時間終了後に好材料・悪材料が出た場合、翌日始値に大きく値が動くことがあります。下方にローソク足が空いた場合、取引時間開始後に多くの売りが入ったと考えられます。

実例チャート 上方に隙間ができたら上昇サイン

ジャパンエレベーターサービスホールディングス【東P・6544】
日足 ローソク　日付：2023年6月2日〜2023年12月4日

Part 3-12 ローソク足② 三空たたき込みが出たら底打ちが近い

逆張り　バリュー株　ディフェンシブ株

POINT
売り注文が続き悪材料が出尽くした目安

　隣り合った陰線のローソク足が連続で3つ窓を開けた状態を**三空たたき込み**と呼びます。隣り合った陰線の間に窓（前日終値と翌日始値が大幅に開いたことで、ローソク足に穴が空いた状態）が開いているということは、大量の売り注文が入ったことを意味しています。**三空たたき込みはそれを3回繰り返した状態**を指します。ここまでくるとセンチメント（投資家心理）が総悲観に傾いていると考えられるため、**底打ちが近い**です。

　3回目の窓とともに陰線が出たら大底となりやすいので、三空たたき込みを見つけたら底値と見極めます。

投資家が総悲観になった時が買い

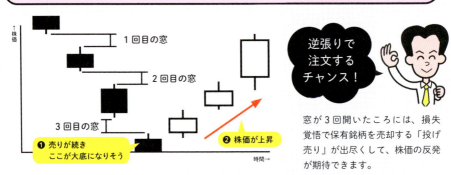

窓が3回開いたころには、損失覚悟で保有銘柄を売却する「投げ売り」が出尽くして、株価の反発が期待できます。

三空たたき込みの直後、株価は大きく反発

日清食品ホールディングス【東P・2897】
日足 ローソク　日付：2023年9月～2023年11月

中原先生のチョット小話

三空たたき込みの勝率は?

過去の株価データを使ったシミュレーション結果

勝率	57.32%
勝ち数	517回
負け数	385回
引き分け数	6回
平均損益率	2.11%
平均利益率	9.31%
平均損失率	-7.53%
平均保持日数	32.09日

逆張りで株を買う時は
下がり過ぎた株を狙います

テスト条件
集計期間は2014年01月1日～2023年12月31日。陰線が4日連続発生し、3日連続で高値が前日安値と比べて安くなったら、翌日に買う。保有日数が30日以上になったら、翌日に売る。

※「平均損益率」は（勝った時の利益率合計－負けた時の損失率合計）÷（勝ち数＋負け数＋引き分け数）、
「平均利益率」は勝った利益率合計÷勝ち数、「平均損失率」は負けた時の損失率合計÷負け数

Part 3 13 ローソク足③ もみ合いから上放れたら買い

順張り　グロース株　シクリカル株

POINT
半年以上もみ合うと高値抜け時のインパクトが大きい

もみ合い上放れとは、上昇トレンドにも下降トレンドにも乗れずに横ばいとなる「もみ合い」の動きをしていた株価が、高値を抜けることです。

株価が乱高下している株は、リスクが高いと見なされ手を出しにくく、企業価値が損なわれます。一方、株価の動きが穏やかな銘柄は安定性が評価され、企業価値が高まることが期待できることから、**株価の値動きが緩やかになると、株価の値上がりが期待できます。**

経験上、半年以上「もみ合い」が続いた後の上放れはインパクトが大きく、株価が大きく伸びやすいです。

きほん　横ばいだった株価が上に抜けた時が買いサイン

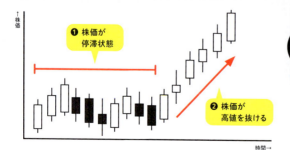

❶ 株価が停滞状態
❷ 株価が高値を抜ける

株価上昇のタイミングを見逃すな！

もみ合い上放れでは、もみ合い期間の高値を抜けた直後か、最高値近辺にあるタイミングが狙い目です。

株価が高値を更新したら買いのサイン

松屋フーズホールディングス【東P・9887】
日足 ローソク　日付：2023年8月～2023年11月

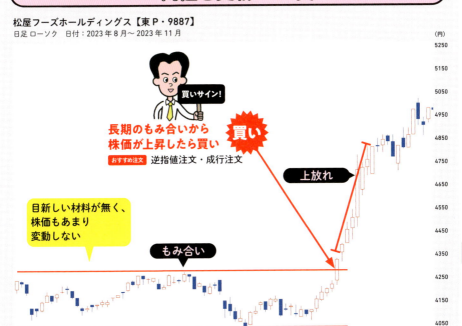

ローソク足③

Part 3 タイミングを見極める

 中原先生のチョット小話

もみ合い上放れの勝率は？

過去の株価データを使ったシミュレーション結果

勝率	41.57 %
勝ち数	2,909 回
負け数	4,089 回
引き分け数	124 回
平均損益率	1.37 %
平均利益率	6.85 %
平均損失率	-2.49 %
平均保持日数	28.04 日

「損を小さく留めて、得を大きく伸ばす」
という買い方だからトータルの
平均損益率はプラスに

テスト条件
集計期間は2014年01月01日～2023年12月31日。終値が直近125日の終値の最高値を更新し、直近125日の最高値が直近125日の最安値 x 1.15以下（レンジが狭い）なら、翌日に買う。終値と移動平均（25日）より小さくなったら翌日に売る。

アノマリーでチョット小休止①
大統領選のハネムーン相場

　理由は分からないけれど、なぜか繰り返されるパターンを**アノマリー**といいます。「例外」「矛盾」「異例」といった意味を持つ言葉です。有名なアノマリーとしては、5月に株価は天井となりやすいことから「5月に売り逃げろ（Sell in May）」などが挙げられます。「夏は人々が楽観的になり株価がピークをつけやすいのではないか」など根拠は諸説ありますが、300年以上も前から繰り返されてきた歴史があります。アノマリーを知っていれば、株の買い時を見極める上でも参考になります。大統領選のサイクルが株価に与える影響も、アノマリーの1つとして知られています。

　大統領選挙前年から選挙年にかけては、アピールも多く株価が上がりやすく、選挙翌年はパフォーマンスが低迷するといわれています。

就任後100日は米国株が上がる

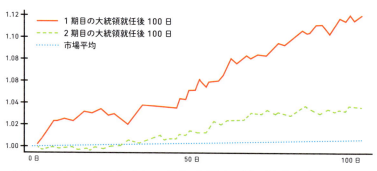

大統領就任後の100日は「ハネムーン相場」と言われ、株価が上がる傾向にあります。

再選だと相場は「行ってこい」

大統領就任後、約半年間の株価推移

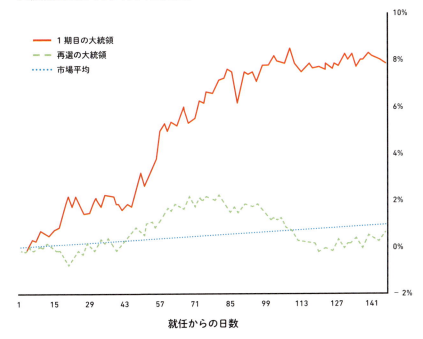

※ 1946年以降のデータ
※「Political uncertainty, market anomalies and Presidential honeymoons」
　Kam Fong Chan, Philip Gray, Stephen Gray and Angel Zhong

　上記のグラフは、就任後の半年間で、初当選と再選の大統領では株価がどう動くかを比較したものです。初当選を果たした大統領の場合、就任後100日のハネムーン相場を超えてからも、株価が崩れませんでした。逆に、再選を果たした2期目の大統領の場合では、「ハネムーン」の時期こそ緩やかな上昇傾向がありましたが、初当選時ほどではなく、100日以降の動きを見ると、株価が低迷していたことが読み取れます。4年でできることには限りあるため期待感が膨らみにくく、任期2期目の大統領が当選しても株価が上がりにくいのだろうと筆者は考えています。

Part 3

14 トレンドラインのきほん

POINT
ラインを株価が突き破ったら
トレンドが転換した可能性

トレンドラインとは株価チャートの高値同士、安値同士を結んだ線のことです。トレンドラインが右肩上がりであれば上昇トレンド、右肩下がりであれば下降トレンド、横ばいであればもみ合いであることが分かります。

上昇トレンドの銘柄は空売りの踏み上げ（P156、P159）が入りやすいため、続伸するストーリーが見て取れます。

一方、下落トレンドの銘柄は節税売り（P158）や信用買い（P158）の損切りで、買い注文より売り注文の量が上回りやすく、過去には株価が低迷するケースがよくありました。

トレンドラインのなかでも高値同士を結んだラインをレジスタンスライン（上値抵抗線）、安値同士を結んだ線をサポートライン（下値支持線）と呼びます。レジスタンスラインは株価が下落傾向にある時に、サポートラインは株価が上昇傾向にある時に引くのが一般的です。

レジスタンスラインを突き破って上昇したら、下落トレンドが上昇トレンドに転換するサインです。サポートラインはその逆で、株価がラインを下回ったら、上昇トレンドが下落トレンドに転換したサインです。

トレンドラインは2種類ある

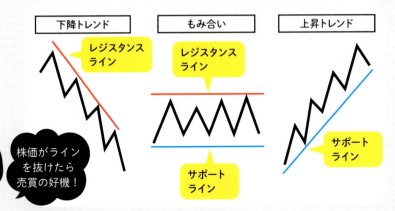

右肩下がりのラインは下降トレンド、右肩上がりのラインは上昇トレンドを表しています。株価がラインを突き破ったら、トレンドが転換するサインです。

実例チャート 株価が上値抵抗線を上に抜けたら買いのサイン

住友電設【東P・1949】
日足 ローソク　日付：2023年8月〜2024年2月

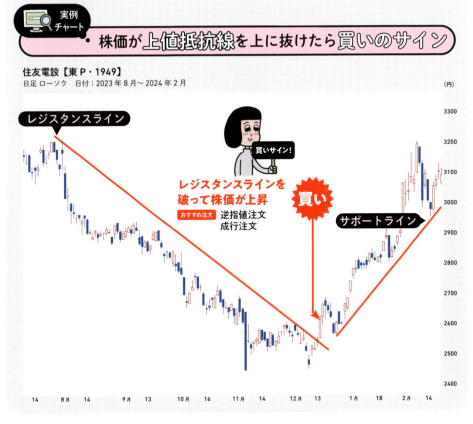

Part 3 タイミングを見極める

079

Part 3

15 トレンドライン①
三角保ち合いはトレンド転換の前触れ

順張り　グロース株　シクリカル株

POINT
2本のトレンドラインが近づくと大きな転換の前触れ

　三角保ち合いとは、**先細るように株価の値動き幅が徐々に狭まることで、レジスタンスラインとサポートラインが三角形を描いた状態**を指します。レンジが狭くなるほど、株価がレンジをはみ出して上に抜けたり下に抜けたりしやすくなります。レジスタンスラインを上に抜けるとよい買い時、サポートラインを下に抜けるとよい売り時になりやすいです。なかでも、過去2～3年は動きが激しく、足下半年ぐらいは値動きが緩やかな三角保ち合いは、高値を抜けてから強くなりやすいです。

株価の抜け方で買い時・売り時を見極める

右肩上がりの直角三角形
企業価値が急激に伸びている成長株と相性がよいチャート。高値を抜けた時に株価が大きく値上がると期待できる

二等辺三角形
上に抜けたら買いサイン、下に抜けたら売りサインだが、売りと買いが拮抗している間は様子見

右肩下がりの直角三角形
業績がV字回復しそうな割安株と相性がよく、抵抗線を上に抜けた時に株価が大きく値上がると期待できる

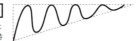

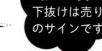

上抜けは買い、下抜けは売りのサインです

「左下が直角に近い三角形」で株価が値下がった後、株価が大きく回復するパターンも多い。

レンジが狭くなったらトレンド転換のサイン

大戸屋ホールディングス【東S・2705】
週足 ローソク 日付：2020年11月～2023年3月

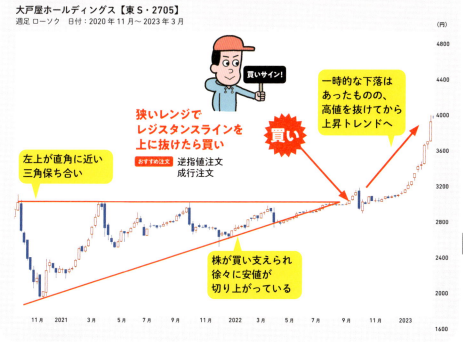

中原先生のチョット小話

三角保ち合いを上放れした後の勝率は?

過去の株価データを使ったシミュレーション結果

勝率	38.85%
勝ち数	963回
負け数	1516回
引き分け数	32回
平均損益率	1.15%
平均利益率	7.37%
平均損失率	-2.78%
平均保持日数	27.12日

テスト条件

集計期間は2014年01月01日～2023年12月31日。終値が直近125日の終値の最高値を更新し、直近125日の最高値が直近125日の最安値×1.15以下（レンジが狭い）で、過去500日の最高値が過去500日の最安値×1.45以上（レンジが広い）の場合、翌日に買う。終値が移動平均（25日）より小さくなったら翌日に売る。

トレンドライン①

Part 3 タイミングを見極める

Part 3
16

トレンドライン②
チャートにティーカップが現れたら高値更新まで待つ

順張り　グロース株　シクリカル株

POINT
カップウィズハンドルは2回目の高値トライが買い時

カップウィズハンドルは、その名前が示す通り、「カップ（杯）」と「ハンドル（取っ手）」の形に似たチャートを表します。株価が2回上げ下げを繰り返し、**取っ手の部分を描いた後に、高値を更新したところが買い時**です。

なお、カップウィズハンドルの考案者である成長株投資の巨匠、ウィリアム・オニールによると、カップウィズハンドルは業績が急拡大中の成長株と相性がよいようです。

きほん　株価が2回下がり高値を更新する

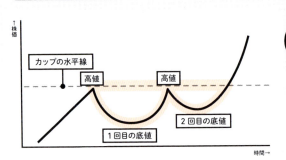

水平線より値上がりしたら買い！

カップウィズハンドルでは、カップの水平線を越えて値上がりしたら買い時です。

ハンドル形成後、高値更新したら買い時

王将フードサービス【東P・9936】
日足 ローソク 日付：2014年1月〜2014年6月

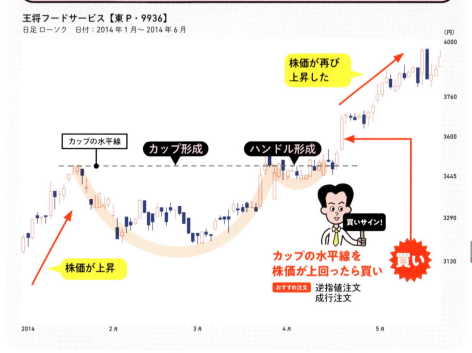

 中原先生のチョット小話

カップウィズハンドルの探し方

　カップウィズハンドルのチャートパターンを探す時には、まずは証券会社のサイトなどで、年初来高値を更新した銘柄の一覧ページにアクセス。1つ1つの銘柄について、チャートを確認していくといいでしょう。数を重ねて慣れていけば、結構なスピードでチャートの中からカップの形を探せるようになります。

　なお、カップウィズハンドルで株価が高値を抜けるタイミングと、業績の上方修正などの好サプライズが重なると、より強力な買いサインです。

083

Part 3

17 トレンドライン③ フラッグを上に抜けたら買いのサイン！

順張り　グロース株　シクリカル株

POINT
レジスタンスラインを抜けるまでしっかり待つ

　トレンドの発生後に、**それまでとは逆の緩やかな値動きが続くことでフラッグ**が形成されます。直前のトレンドが旗を支えるポール、その後に続くゆったりした値動きのチャートが旗のように見えることから、この名称がつけられました。上昇トレンド後に発生するフラッグを「上昇フラッグ」、下降トレンドから発生するフラッグを「下降フラッグ」と呼びます。

　株価が上昇フラッグのレジスタンスラインを突き抜けて上昇すると、その後に上昇トレンドが継続するサインとなるので、そのタイミングが買い時だと判断できます。

きほん　フラッグ発生はトレンドの小休止

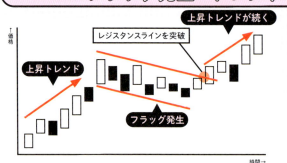

レジスタンスラインを上に抜けたら買い

フラッグはトレンドの小休止といえます。フラッグが発生して値動きが鈍化しても、時間を置いて高値を抜けると、上昇トレンドが再開すると期待できます。

フラッグ発生後に株価が急上昇

信越化学工業【東P：4063】
週足 ローソク 日付：2021年1月～2024年10月

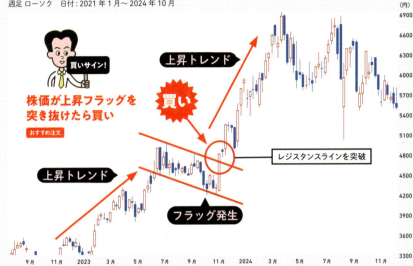

上昇トレンドの途中で、突然ゆっくりとしたもみ合いが始まりフラッグが発生。しばらく継続した後に株価がレジスタンスラインを越えると、買いサインです。

中原先生のチョット小話

もみ合い期間の目安は半年～1年

　フラッグはトレンド発生後のもみ合い期間が形成するチャートの形から、名前が取られています。フラッグ発生後の上昇or下落の強さは、このもみ合い期間が半年～1年続いた後にレジスタンスラインを上に抜けると、強い買いサインです。そのため、フラッグの旗の部分が長く伸びている銘柄を見つけた場合は、今後の動きに注目してみましょう。

　上で紹介している信越化学工業のケースはもみ合い期間が半年弱続き、買いサインが点灯してから4ヶ月ほど、株価が大きく上がりました。

トレンドライン③

Part 3
タイミングを見極める

Part 3
18

トレンドライン④
上昇後にもみ合いが発生したら要注目!

順張り　グロース株　シクリカル株

POINT
上昇トレンドは複数に分かれてくることも

　有名なトレンド理論に、米国の経済アナリスト、ラルフ・ネルソン・エリオットが考案した**エリオット波動**があります。この理論でエリオットは、「**株価は上昇局面では5段の波に分けて上がり、下降するときは3段の波に分けて下がる**」と主張しました。筆者はこの主張を裏付ける証拠を知らないので、「眉唾もの」だと考えていますが、上昇トレンドや下落トレンドが「何回かに分かれて続く」ことは株価のチャートではよく見られる動きです。そのため、それまで勢いよく上昇していた動きが止まり、もみ合い期間に入ったとしてもチャートの監視を続けるようにしています。

きほん 二段上げのあと三段上げが続くことも

エリオット波動の基本形

上昇トレンドでは3回に分けて値上がりする

1回　2回　3回　1回　2回

下降トレンドでは2回に分けて値下がりする

トレンドは上昇下落を繰り返して動いていく

もみ合い期間が訪れても、株価が抵抗線を上回って上昇すれば、次の上昇トレンドが始まることに期待ができます。

もみ合いを上に抜けたら買い時

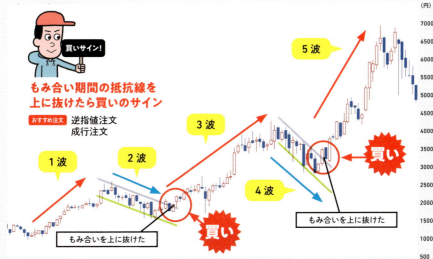

1波と3波の後にもみ合いが発生。もみ合い期間のレジスタンスラインを上に抜けたら買いのサインです。もみ合いを上に抜けた後は、再び上昇トレンドになりました。

中原先生のチョット小話

景気サイクルのある優良企業がマッチ

　エリオット波動は、業績に大きな波が出て、数年単位で大きく波打つような景気サイクルを伴う優良企業が狙いめだと考えます。日本の景気は3〜4年サイクルと言われているので、景気が減速すると1〜2年のもみ合いが起きそうです。チャネルブレイクアウト（※）で上に抜けたタイミングなどが買いサインと解釈できます。

　スゴイ株を厳選していけば企業価値は右肩上がりに伸びていきます。時間とともに価値が株価を上回り割安になるため、一時的なもみ合いがあっても上昇トレンドに戻ると期待できます。

※高値をつないだレジスタンスラインを現在株価が上に抜けること

Part 3
19

トレンドライン⑤
チャネルラインを引いてトレンドを見極める

(順張り)　(グロース株)　(シクリカル株)

POINT
チャネルラインを引けば、トレンドがひと目で分かる

　チャネルラインとはトレンドラインと平行に引く線のことです。**チャネルラインを引くと、株価が推移する値幅が分かります。上昇トレンドのチャネルラインは「上昇チャネル」、下降トレンドでは「下降チャネル」と呼ばれます。**

　株価がトレンドラインからはみ出したらトレンド転換のサイン。上昇トレンドでサポートラインを下に抜けたら下降トレンドへの転換が示唆されるため売りサイン、下降トレンドでレジスタンスラインを上に抜けたら上昇トレンドへの転換が示唆されるため買いサインです。逆張りでは、上昇チャネルの安値圏に来たら買い時、下落チャネルの高値圏に来たら売り時の目安です。

きほん・ラインを引いてトレンドと値幅を把握

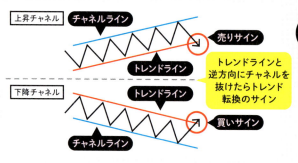

トレンド転換の判断に役立つ!

もみ合い状態で、株価がトレンドラインからはみ出したらトレンド転換のサイン。買い時や売り時かもしれないのでチェックを。

実例チャート ― レジスタンスラインを越えたら買い

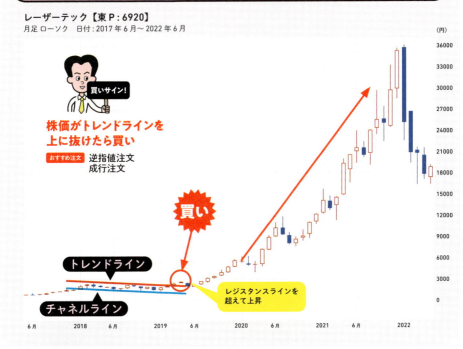

中原先生のチョット小話

上昇チャネル、下降チャネルの使い方

　チャネルラインを見て、逆張りを狙う場合は「上昇チャネルの安値圏に来たら買い」、順張りの場合は「下降チャネルのレジスタンスラインを上を抜けたら買い」が目安となります。

　逆張りの場合は、トレンドラインが横ばいか、少しだけ右肩あがりの銘柄が狙いめです。食料品株などのディフェンシブな銘柄に利用するのが適しているでしょう。トレンドラインの上昇が激しい＝急角度の場合、株価が急上昇することで割高になりやすいので注意しましょう。割高感が出るか、上昇トレンドが崩れた所が売り時です。

Part 3 - 20 出来高のきほんと活用方法

POINT
銘柄の人気、取引されやすい価格が分かるバロメーター

　一定期間内に株の売買が成立した量を**出来高**といいます。売り注文1000株と買い注文1000株の間で取引が成立した場合、出来高は1000株です。**出来高の多さは取引の活発さを示しており、人気のバロメーター**ともいえます。出来高が増えると株を売買しやすくなる、つまり流動性が上がるためリスク認識が下がり、結果的に株価が上がる、という考え方もあります。**出来高が増えてから買うのは遅いので、筆者は薄商いな銘柄に注目し、出来高が増えそうな材料がないか調べます。**

　ただし、出来高が小さすぎると、自分の発注が相場に与える影響が大きくなるため、発注後に値動きしてしまう可能性が高まります。デイトレードなどリアルタイムかつ短期での売買が求められる場合には、出来高10億円以上の銘柄を狙うとよいでしょう。

　価格帯ごとに出来高を示した**価格帯別出来高**も投資判断に有効です。**出来高の多い価格帯は、サポートラインやレジスタンスラインにもなりうる重要な節目なので、要注目です。**

出来高は小さ過ぎるとリスクがある

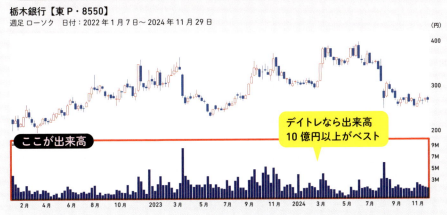

証券会社のシステムにもよりますが、出来高は一般的にチャートの下部に表示されます。有名な株や、値動きが激しい株ほど出来高が大きい傾向があります。

価格帯別の出来高で買いタイミングを計る

価格帯別出来高では、どの価格でよく売買されているかが分かります。出来高の多い価格帯は、その価格でもみ合っていた期間が長く、レンジを上に抜けたタイミングが買い時です。

Part 3-21 ダウ理論①
トレンドの強さは出来高に現れる

順張り　グロース株　シクリカル株

POINT
トレンドを見極める際は出来高も併せて確認する

　ダウ理論とは、米国のジャーナリスト兼証券アナリストのチャールズ・ダウが提唱した、相場理論です。ダウ理論では、出来高にまつわる項目があり、その1つが「**トレンドの強さは出来高に現れる**」です。

　出来高は、一定期間中に取引が成立した数を表し、銘柄の人気を反映しています。ダウによると、出来高を伴う上昇トレンドは、その銘柄を買いたい人が大勢いて株価が上がっている状態です。投資家の関心の高さを表しているため、強い上昇トレンドと読み取れます。経験上、出来高はそれほど強力な指標ではありませんが、気になるならトレンドと併せて確認しましょう。

きほん・出来高は銘柄の人気を反映している

大きな出来高をともなうトレンドは強力

株価：上昇トレンド／下降トレンド／上昇トレンド

出来高：出来高が増加／出来高が減少／出来高が増加

面倒なら確認しなくてもOK

出来高を見なくても売買のタイミングの見極めはできますが、確認しても損はないので、気になる場合は確認しましょう。

出来高を伴う高値ブレイクは買い

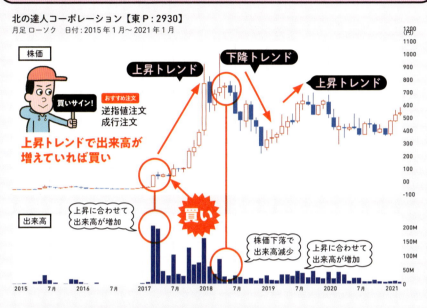

大きな出来高を伴いながら株価が上昇すると、強い上昇トレンドに入ると期待できます。反対に、出来高を伴わない上昇には注意が必要です。

中原先生のチョット小話

出来高を伴う高値更新、有効性は?

過去の株価データを使ったシミュレーション結果

勝率	40.94 %
勝ち数	1919 回
負け数	2768 回
引き分け数	83 回
平均損益率	1.38%
平均利益率	7.25%
平均損失率	-2.65%
平均保持日数	28.55 日

テスト条件

集計期間は2014年01月01日〜2023年12月31日。終値が直近125日の終値の最高値を更新し、直近125日の最高値が直近125日の最安値 x 1.15 以下（レンジが狭い）で、出来高が直近125日の平均出来高の1.5倍以上（出来高が多い）の場合、翌日に買う。終値と移動平均（25日）より小さくなったら翌日に売る。

Part 3
22

ダウ理論②
トレンドは明確な転換サインが出るまで続く

順張り　グロース株　シクリカル株

POINT
トレンドに転換サインが出現したら潮時！

　ダウ理論には「**トレンドは明確なシグナルとともに発生し、転換サインが出るまで継続する**」という項目があり、転換サインの見極めが大切です。

　上昇トレンドのサポートラインや移動平均線（一定期間の終値の平均値をつないだ線。詳しくはP98）を下に抜けたときは、上昇トレンドが終わり転換したサインです。逆に、**下落トレンドのレジスタンスラインや移動平均線を上に抜けた時は、上昇トレンドに転換したと判断できます**。

　どんなトレンドも永遠には続きません。トレンドの転換はいい買い時・売り時になるので見逃さないようにしましょう。

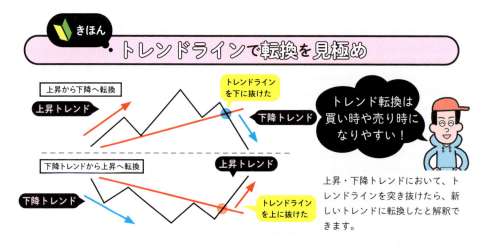

きほん　トレンドラインで転換を見極め

上昇・下降トレンドにおいて、トレンドラインを突き抜けたら、新しいトレンドに転換したと解釈できます。

転換タイミングは売却の考え時

北の達人コーポレーション【東P：2930】
月足 ローソク　日付：2017年1月～2019年4月

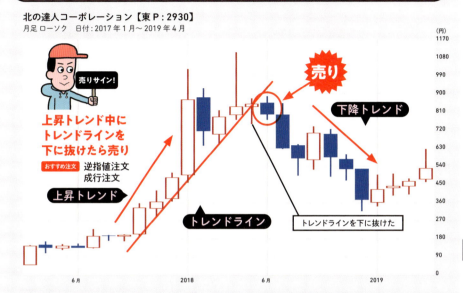

上昇途中に安値を切り下がりながらサポートラインを下に抜けました。ここが売りのタイミングです。北の達人は、株価が割高であった反動もあり、サポートラインを割れてから大幅安となりました。

 中原先生のチョット小話

大きく上がった後は反動安に注意

　上で紹介している北の達人コーポレーションの株価チャートは、2017年には出来高の増加を伴って一気に急上昇しました。しかし、翌年2018年には一転して激しい値下がりを見せています。

　2017年に大儲けできたとしても、2018年に売却しなければ、株価がもとの水準まで戻ってきてしまい、ほとんど利益にならなかったと分かります。株価が割高になる前に売ったり、トレンド転換の初動で撤退していたりすれば、含み益のまま利益確定できたでしょう。

アノマリーでチョット小休止②

1月と7月に株を買ってはいけない

　夏季休暇の時期は取引に参加する投資家が減り、相場の動きが鈍る傾向があります。これを**夏枯れ相場**といいます。夏枯れ直前の6月は夏のボーナスシーズンでもあります。6月はボーナスを受け取った投資家が株を買うことで株式市場が賑わいがちですが、その反動もあってか7月以降は停滞しやすいのでしょう。日本でも8月から9月にかけて休暇を取る人が多く、この時期は株が買われにくくなるのだと筆者は考えています。

長期休暇があると市場が停滞

夏枯れ相場の累積リターン

夏枯れ相場に売買した場合（7月始値に買って、9月始値に売った場合）のリターンを集計したものです。1961年から2023年の63年において、トータルで見てリターンはマイナスとなっています。プラスが続いたのは、バブルの時期だけでした。

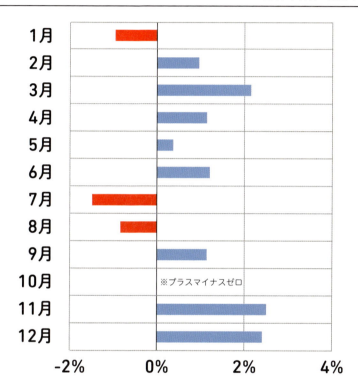

　上記のグラフは各月始値に買って翌月始値で売った場合を12月分調べ、平均的なリターンを算出したものです（日経平均に連動するETFより）。ここから、1、7、8月はマイナスリターンとなりやすいことが分かりました。12月と6月はボーナス月でもあり、個人投資家によってまとまった買いで株価が割高になりやすいのでしょう。翌月からは割高になった反動で、株価が低迷しやすいのだと筆者は考えています。「給料日直後に株価が上がり、上昇後は低迷する」傾向は、米国株では100年以上前から確認されていますし、日本株を買う時にも要注意です。スゴイ株をいいタイミングで買いたい場合、割安感やチャート以外にも、毎年のように繰り返される「イベント」にも気を配るとよいでしょう。

Part 3

23 移動平均線のきほん

POINT
今の株価と
平均値を見比べる

　テクニカル分析で頻繁に用いられる**移動平均線**とは、**一定期間の終値の平均値を線でつないだグラフ**です。例えば5日平均線の場合、各日その時点から過去5日の平均価格が表示されて、折れ線グラフになっています。単純に過去の価格を平均化した移動平均線は、**単純移動平均線（SMA）**と呼ばれ、幅広く用いられています。その他、直近の価格の比重を重くした加重移動平均線（WMA）（P156）や指数平滑移動平均線（EMA）（P156）があります。これらは直近の価格を重視した移動平均線のため、単純移動平均線と比べて、今の値動きに敏感に反応します。まずは、単純移動平均線の見方が分かればOKです。使いこなせるようになったら、他の2つも勉強してみるといいでしょう。

　単純移動平均線の最も基本的な活用方法は、**移動平均線が上向きなら上昇トレンド、横ばいならもみ合い局面、下向きなら下降トレンド**と判断することです。また、今の株価と移動平均線の乖離を見ることで、上がり過ぎていたり、下がり過ぎていたりしないかを読み取ることもできます。分析に使用する時は、期間の異なる移動平均線を2〜3本組み合わせて分析することもあります。複数の移動平均線を組み合わせることで、1本よりも相場の転換が分かりやすくなります。

きほん　移動平均線は一定期間の終値の平均の推移

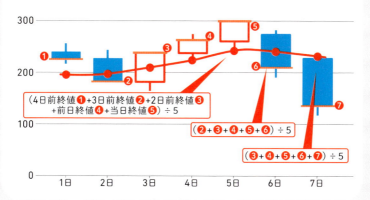

5日平均線の場合、当日を含めた直近5日分の終値を足して、5で割った価格を結んでいきます。平均価格を使用することで、その日の大きな変動に惑わされず、相場のトレンドを見ることができます。

きほん　移動平均線を見ればトレンドが分かる

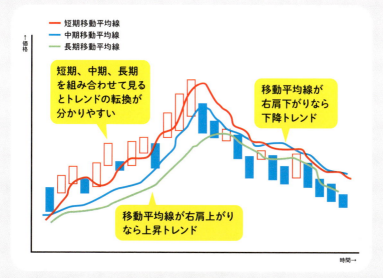

移動平均が右肩上がりだと、上昇トレンドと読み取れます。日足の場合は一般的に短期25日、中期75日、長期200日で設定しますが、任意で変更も可能です。

Part 3 - 24 移動平均線①
株価は移動平均線に引き戻される

逆張り　バリュー株　ディフェンシブ株

POINT
平均から大きく離れても多くの場合はもとに戻ってくる（平均回帰）

　移動平均乖離率とは、**現在価格から移動平均線がどのくらい離れているかを割合（％）で示した数値**です。移動平均線に対して現在価格が離れている場合には、銘柄の平均的な価格に対し、現在価格が上下に行き過ぎていると判断します。移動平均線が「トレンド」を示しているとしたら、移動平均乖離率は「行き過ぎ」に気付くための指標で、逆張りに使います。

　ファンダメンタルズに大きな変化がなく、株価も適正である限り、価格は移動平均線の値に引き戻される傾向にあるため、上に離れすぎている場合は天井が近い、つまり売り時と見なせます。反対に、下に離れたときは今後上昇する可能性が高いと考えられるため、買い時となります。過去の株価データを使ったシミュレーション結果では、25日の移動平均に対しマイナス10％の乖離を目安にした売買で7割近い勝率となりました。10％の乖離が1つの目安となるでしょう。

平均回帰の特性から買い時を判断

乖離率±10で売買のサイン

光通信【東P・9435】
週足 ローソク 日付：2023年1月〜2024年12月　移動平均乖離率（25）

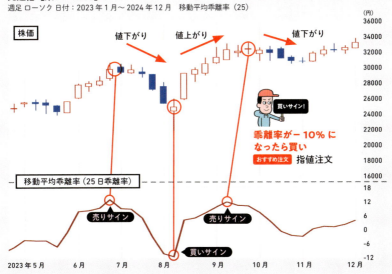

上に大きく乖離したときには天井が近く、その後株価は下がる傾向に。下に大きく乖離した場合は反発する可能性が高くなります。大きな乖離の目安は25日乖離率で±10%です。

 中原先生のチョット小話

株価が25日平均を10%以上下回ると?

過去の株価データを使ったシミュレーション結果

勝率	65.24 %
勝ち数	5万866回
負け数	2万7100回
引き分け数	2157回
平均損益率	0.96%
平均利益率	4.42%
平均損失率	-5.48%
平均保持日数	6.79日

6割以上が値上がりした！

テスト条件
集計期間は2014年01月01日〜2023年12月31日。該当期間の上場銘柄が対象。終値が移動平均（25日）よりも10%以上マイナスに乖離したら翌日に買う。終値と移動平均（25日）のマイナス乖離が10%より小さくなったら翌日に売る。

Part 3 タイミングを見極める

移動平均線①

Part 3 - 25 移動平均線② バンドと現在株価の位置関係から買い時を見極める

逆張り　バリュー株　ディフェンシブ株

POINT
＋2σで買われ過ぎ
－2σで売られ過ぎ

　ボリンジャーバンドとは、ジョン・ボリンジャー氏によって開発された、移動平均線を中心とした上下のバンド（線）です。バンドの幅は、株価が平均値に対してどのくらい変動があるかを統計学的に表した**標準偏差**（σ：シグマ）で決まります。

　値動きが激しいと標準偏差は大きくなり、バンドの幅は広がります。反対に、値動き穏やかだと標準偏差は小さくなりバンドの幅が狭くなるので、バンドの幅からトレンドの加熱感や転換を分析する目安になります。

きほん　値動きが激しいほどバンドの幅が広がる

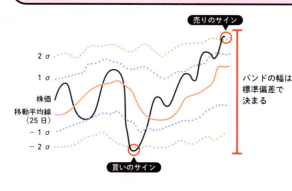

1σは「単純移動平均線±標準偏差」、2σは「単純移動平均線±標準偏差×2」です。

±2σが逆張りタイミングの目安

ワークマン【東S：7564】
週足ローソク　日付 2024年1月〜2024年12月　ボリンジャーバンド(25)1σ,2σ　移動平均(25)

+2σまで上がれば「買われ過ぎ」で売り時、-2σまで下がれば「売られ過ぎ」で買い時です。

 中原先生のチョット小話

-2σ以下になった後の値動きは?

過去の株価データを使ったシミュレーション結果

勝率	58.24 %
勝ち数	10万8984回
負け数	7万8137回
引き分け数	8491回
平均損益率	0.23 %
平均利益率	2.55 %
平均損失率	-2.99 %
平均保持日数	3.44 日

約6割の確率で値上がりした!

テスト条件
集計期間は2014年01月01日〜2023年12月31日。該当期間の上場銘柄が対象。終値がボリンジャーバンド(25日)の-2σ線以下になったら翌日に買う。終値がボリンジャーバンド(25日)の-2σ線より高くなったら翌日に売る。

移動平均線②

Part 3 タイミングを見極める

Part 3

26 移動平均線③ グランビルの法則

順張り　逆張り

POINT
移動平均線と株価の交わり方、離れ方で売買ポイントが分かる

　移動平均線を用いたテクニカル分析の1つに**グランビルの法則**があります。移動平均線を考案した米国のアナリスト、ジョゼフ・E・グランビルが提唱した法則です。**ローソク足（株価）と移動平均線の乖離率や方向性を組み合わせて、相場の方向性や売買タイミングを計ります。**

　グランビルの法則には4つの買いサインと4つの売りサインがあります。**買いサインは主に、移動平均線が上昇しているときに現れます。**移動平均線が下落中の場合は基本的に様子見しますが、売られ過ぎた場合は安く株を買うチャンスです。一方、売りサインは移動平均線が下落しているときに多く現れます。また、移動平均線が上昇している時でも、株価が短期間で上がり過ぎて過熱しても売りサインです。

移動平均線と株価の方向を確認

４つの買いサインと４つの売りサイン

買いサイン
① 上昇中の移動平均線を株価が下から上に抜ける
② 上昇中の移動平均線を株価が下回り再び上がる
③ 上昇中の移動平均線に向かって株価が下がったが、下回らない
④ 下降中の移動平均線を株価が大きく下回る

売りサイン
① 下降中の移動平均線を株価が上から下に抜ける
② 下降中の移動平均線を株価が上回り再び下がる
③ 下降中の移動平均線に向かって株価が上がったが、上回らない
④ 上昇中の移動平均線を株価が大きく上回る

グランビルの法則には、買いサインと売りサインがそれぞれ４つずつ、計８つのサインがありますが、全てが現れるとは限りません。

移動平均線の上昇時は買いサインが多い

ソフトバンクグループ【東P・9984】
週足 ローソク　日付：2020年1月3日〜2022年7月1日　単純移動平均線（13）

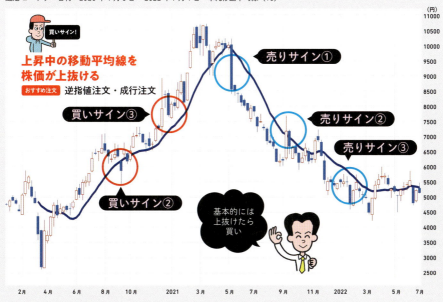

Part 3

27 移動平均線④ トレンドを捉えるなら パーフェクトオーダー

順張り / グロース株 / シクリカル株

POINT
期間の違う3本の移動平均線でトレンドの強さを図る

　移動平均線を使ったテクニカル分析の1つ**パーフェクトオーダー**。FXなど比較的短期の売買で用いられる手法で、相場のトレンドを捉えるのに役立てられます。**短期、中期、長期の3種類の移動平均線が上から順に並び、すべて上昇していると買いタイミング**です。過去の株価推移よりも直近の株価の方が平均的に上回っている状態のため、上昇トレンドと判断できます。反対に、直近の株価の方が過去の移動平均線よりも下回り、下向きになっている場合には、下降トレンドと判断できます。

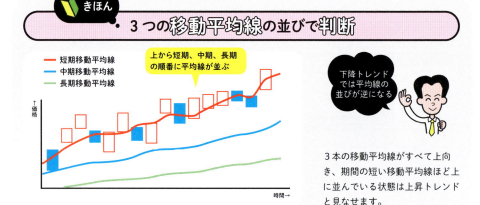

きほん　3つの移動平均線の並びで判断

3本の移動平均線がすべて上向き、期間の短い移動平均線ほど上に並んでいる状態は上昇トレンドと見なせます。

上から短期・中期・長期の順に並んだら買い

アドバンテスト【東P・6857】
週足 ローソク 日付：2023年2月〜2025年2月　短期移動平均線（13）　中期移動平均線（26）　長期移動平均線（52）

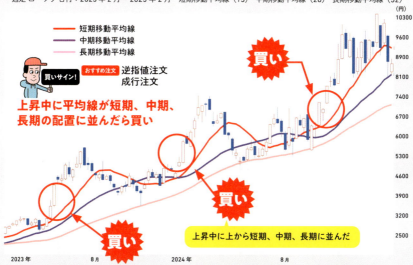

パーフェクトオーダーは上昇トレンドが強力な時にだけ現れます。ローソク足が短期移動平均線を上回っていると、さらに強力です。株価が右肩上がりに推移していて、強い上昇トレンドと判断できます。

中原先生のチョット小話

パーフェクトオーダーの勝率は?

過去の株価データを使ったシミュレーション結果

勝率	32.97 %
勝ち数	4万7868回
負け数	9万7324回
引き分け数	4584回
平均損益率	0.52 %
平均利益率	7.74 %
平均損失率	-3.01 %
平均保持日数	15.25日

テスト条件

集計期間は2014年01月01日〜2023年12月31日。該当期間の上場銘柄が対象。
(a) 終値が移動平均（25日）より大きい。
(b) 移動平均（25日）が移動平均（75日）より大きい。
(c) 移動平均（75日）が移動平均（200日）より大きい。
(a) と (b) と (c) を全て満たしたら、翌日に買う。
終値が移動平均（25日）より小さくなったら翌日に売る。

Part 3 — 28　移動平均線⑤　買われ過ぎ、売られ過ぎが分かるエンベロープ

逆張り　バリュー株　ディフェンシブ株

POINT
上のバンドに触れたら売り
下のバンドに触れたら買い

　移動平均乖離率の応用として使われる**エンベロープ**。直訳すると「封筒」や「包み」という意味があり、テクニカル分析においては**移動平均乖離率バンド**ともいわれます。移動平均線の上下に一定の割合ずつ乖離したラインを引く分析方法で、株価が上下の乖離率の幅に収まるように動くという前提に立ち、売買タイミングを判断します。ボリンジャーバンドとも似ている手法です。

　「買われ過ぎ」「売られ過ぎ」の目安は移動平均からの乖離率が10%を超えたラインです。**上のバンドに触れたタイミングが売り時、下のバンドに触れたタイミングが買い時**と考えられます。

上下のバンドに触れたら逆張りのチャンス

移動平均線⑤ タイミングを見極める

> **きほん**
> ・移動平均からの**プラス乖離／マイナス乖離**を見る

上に大きく乖離したときには天井が近く、その後株価は下がる傾向に。下に大きく乖離した場合は反発する可能性が高くなります。大きな乖離の目安は25日乖離率で±10％です。

> **実例チャート**
> ・**上限のバンド**に触れたら売る

KDDI【東P・9433】
週足 ローソク　日付：2022年12月9日〜2024年12月13日　エンベロープ（10％）　エンベロープ（5％）

Part 3

29 オシレーター分析とは

POINT
「買われ過ぎ」「売られ過ぎ」の水準から買い時と売り時を見極める

　オシレーターは日本語で「振り子」「振り幅」という意味です。振り子は一定の範囲内を行ったり来たりします。左右どちらかに揺れたきり戻ってこない、ということはありません。

　これは相場でも同じことがいえます。市場参加者は楽観と悲観を繰り返すことから、株価も短期間に上がったり下がったりを繰り返します。オシレーター分析では、特定の銘柄が買われ過ぎたり、売られ過ぎたりしている場合、行き過ぎた株価が反転するタイミングを見極めることができます。

　オシレーター分析は相場に明確なトレンドがない状況の投資判断でよく用いられます。オシレーター分析の代表的な指標はRSI（P112）、サイコロジカルライン（P114）、ストキャスティクス（P116）など。これらの指標を使って、総楽観のピークとなり天井になりそうな時期や、総悲観のピークとなり底になりそうな時期を見極めます。

株価の「行き過ぎ」はオシレーター分析で気付く！

オシレーターは「振り子」の意味

オシレーター分析

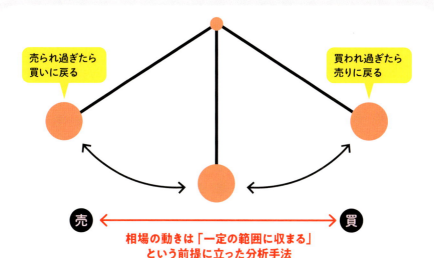

売られ過ぎたら買いに戻る

買われ過ぎたら売りに戻る

売 ⇔ 買

相場の動きは「一定の範囲に収まる」
という前提に立った分析手法

振り子と同じように、市場参加者の心理（センチメント）は楽観と悲観の間を行ったり来たりします。オシレーター分析では、買われ過ぎたら天井が近く、売られ過ぎたら底が近いと考えます。

中原先生のチョット小話
オシレーター系はディフェンシブ株と相性◎

　オシレーター系指標は、企業価値が簡単に増えたり減ったりしない銘柄と相性がよいです。具体的には景気によらず株価や業績が安定しているディフェンシブ株、例えば、KDDI、NTT、東京ガス、大阪ガス、JTなどがディフェンシブ株として挙げられます。あるいは安定成長をしている優良企業も狙いめです。

　一方、景気に業績が大きく左右されるシクリカル株などは下落トレンドや上昇トレンドが長く続くことも多く、オシレーター系指標とは相性がよくないと考えています。

Part 3 タイミングを見極める

Part 3

30

オシレーター分析①
RSIで過熱度合いを察知する

逆張り ディフェンシブ株 バリュー株

POINT
70%以上なら「買われ過ぎ」
30%以下なら「売られ過ぎ」

RSIとは「Relative Strength Index（相対力指数）」の略称で、オシレーター分析で使われる指標の1つです。**過去の一定期間における値上げ幅と値下がり幅の合計のうち、現在の上げ幅がどれくらいの割合かを示します。**過去の変動幅のなかで、現在の株価がどの水準にあるかを0〜100%の範囲で表します。**RSIが100%に近づくほど、市場参加者が総楽観に傾いており、過熱感が高まっている**と分析できます。

　一般的には70%以上は「買われ過ぎ」、30%を下回ると「売られ過ぎ」と見極められます。

きほん ● 値上がり幅で過熱感を判断

$$RSI = \frac{\text{一定時間の「上昇した日の値幅合計」}}{\text{一定時間の「上昇した日の値幅合計」} + \text{「下降した日の値幅合計」}} \times 100$$

RSIが

70%以上 　買われ過ぎなので売りサイン

30%以下 　売られ過ぎなので買いサイン

30%を下回ったら「買い」サイン

KDDI【東P・9433】
日足 ローソク　日付：2022年10月26日～2023年3月3日　RSI（14）

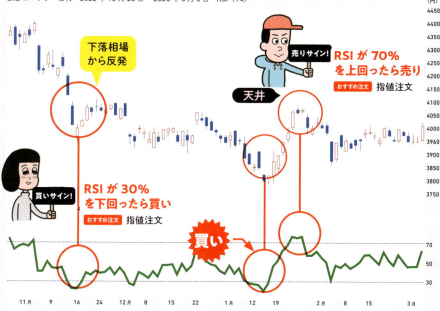

オシレーター分析①

Part 3　タイミングを見極める

中原先生のチョット小話

30%以下になった後の勝率は?

過去の株価データを使ったシミュレーション結果

勝率	60.62%
勝ち数	14万3783回
負け数	9万3385回
引き分け数	1万375回
平均損益率	0.39%
平均利益率	2.88%
平均損失率	-3.50%
平均保持日数	5.76日

30%を下回ると大体5～6日で反転

テスト条件

集計期間は2014年1月1日～2023年12月31日。該当期間の上場銘柄が対象。設定期間は14日で、RSIが30%以下になったら翌日に買う。RSIが30%より大きくなったら翌日に売る。

Part 3

31 オシレーター分析②
サイコロジカルサインで行き過ぎた投資家心理に気付く

　逆張り　　ディフェンシブ株　　バリュー株

POINT
75％以上なら「買われ過ぎ」
25％以下なら「売られ過ぎ」

　もし、コインを投げて9回連続で表が出たとしたら、「そろそろ裏が出そう」と考えるのではないでしょうか。**サイコロジカルライン**は、行き過ぎた投資家心理を逆手に取った指標といえます。

　算出方法は非常にシンプルです。一定期間のうち、前日と比べて終値が高かった日の割合を計算します。一般的には12日間を一区切りとし、**サイコロジカルラインが25％（12日間中、9日値下がり）を下回ったら売られ過ぎ、75％（12日間中、9日値上がり）を越えたら買われ過ぎ**と判断します。

きほん ・「値上がり」が続いたから「そろそろ下がる」

6日前	5日前	4日前	3日前	2日前	1日前	今日	翌日
下がった ↘	上がった ↗	上がった ↗	上がった ↗	上がった ↗	上がった ↗	上がった ↗	下がる？ ↘

投資家心理は振り子のように強気と弱気の間を行ったり来たりします。サイコロジカルラインは市場参加者が強気と弱気、どちらに偏りすぎているのかを知る手がかりになります。

そろそろ売り時だな

25%を下回ったら「買い」サイン

日本電信電話【東P・9432】
日足 ローソク　日付：2023年12月1日〜2024年6月10日　サイコロジカルライン（12）

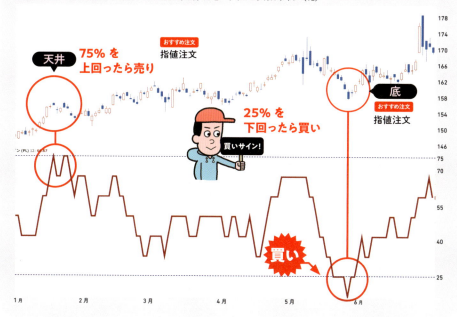

オシレーター分析②

Part 3 タイミングを見極める

中原先生のチョット小話

25%以下になった後の勝率は？

過去の株価データを使ったシミュレーション結果

勝率	61.66%
勝ち数	13万5435回
負け数	8万4230回
引き分け数	1万1131回
平均損益率	0.47%
平均利益率	2.98%
平均損失率	-3.50%
平均保持日数	7.29日

25%を下回ると6割以上の確率で値上がりした

テスト条件

集計期間は2014年1月1日〜2023年12月31日。該当期間の上場銘柄が対象。サイコロジカルライン（12日線）が25%を下回ったら翌日に買う。その後、25%を上回ったら翌日に売る。

115

Part 3

32

オシレーター分析③
ストキャスティクスで
高値圏と安値圏を見分ける

逆張り　ディフェンシブ株　バリュー株

POINT
80%以上なら「買われ過ぎ」
20%以下なら「売られ過ぎ」

ストキャスティクスとは一定期間の株価の変動幅のなかで、現在の終値がどの位置にあるかを判断する指標です。

ストキャスティクスでは「%K」、「%D」、「slow%D」の3つの線を用います。このうち、%Kと%Dを使うのはファストストキャスティクス、%Dとslow%Dを使うのはスローストキャスティクスと呼びます。両者の違いは「即時性」で、ファストの方が素早く、スローの方がゆっくり動きます。**急落に気付きたいならファスト、じりじり下げている銘柄を見つけたいならスローを見るイメージです。**いずれも20%以下になったら「売られ過ぎ」、80%を超えたら「買われ過ぎ」と判断します。

きほん

●3つの指標で相場の過熱感を図る

%K	＝	一定期間内の値幅のどの水準にあるか	この2つを使うとファストストキャスティクス
%D	＝	%Kのn日間の移動平均線	
slow%D	＝	%Dのn日間の移動平均線	この2つを使うとスローストキャスティクス

一定期間の値幅のなかで、現在値がその安値から何%に位置しているかを示すのが%K線、%K線を一定期間で移動平均化したものが%D線、さらにその%D線を一定期間で移動平均化したのがslow%Dです。

20%を下回ったら「買い」サイン

KDDI【東P・9433】
日足ローソク　日付：2024年6月12日〜2024年12月10日　%D（9）　slow%D（3）

ファストストキャスティクスとスローストキャスティクスが20%を下回ったら買い
おすすめ注文 指値注文

ファストストキャスティクスとスローストキャスティクスが80%を上回ったら売り
おすすめ注文 指値注文

Part 3　オシレーター分析③　タイミングを見極める

 中原先生のチョット小話

20%以下になった後の勝率は?

過去の株価データを使ったシミュレーション結果

勝率	62.10 %
勝ち数	17万4995回
負け数	10万6798回
引き分け数	1万1933回
平均損益率	0.37%
平均利益率	2.62%
平均損失率	-3.28%
平均保持日数	4.68日

6割以上の確率で上昇！

テスト条件
集計期間は2014年1月1日〜2023年12月31日。該当期間の上場銘柄が対象。%K（9日）、%D（3日）、slow%D（3日）が全て20以下になったら翌日に買い、%K（9日）、%D（3日）、slow%D（3日）のいずれかが20より大きくなったら翌日に売る。

Part 3

33 市場動向も同時に確認

POINT
為替や資源価格の影響を受ける場合
これらも忘れずにチェックする

　　上場企業の中には、為替や資源価格などの市場環境に業績が左右されやすいところもあります。分かりやすい例としては、為替変動が挙げられます。外貨に対し円の価値が下がる円安になると、海外からの仕入れ価格が上がるため、輸入企業にとってはマイナスです。石炭や天然ガスを輸入している電力会社などが該当します。一方、自動車や電機、精密機器などを輸出する企業にとっては、外貨では販売価格が変わらなくても円換算すると利益が増えるため、プラスに働きます。他にも、石油系のビジネスなら業績は石油価格と連動するため、石油先物のチャートが参考になります。同様に、金属系のビジネスなら業績は金属価格と連動するため、銅先物などのチャートをチェックするとよいでしょう。**監視している銘柄と併せて、関連指標もチェックしましょう。**

　　他にも、意外なことにトラック運送業者も為替の影響を受けやすいです。なぜなら、トラック運送業者はガソリンを多く使用します。ガソリン代は為替の影響を受けやすく、円安だとガソリン高、円高だとガソリン安になりやすいです。運送業者の立場で考えると、円高はガソリン価格が下がるため、プラスになりそうです。

中原先生のチョット小話

銅価格と五大商社の株価は連動

銅価格と、銅資源の権益を持つ商社の株価は連動する！

「ドクター・カッパー」とも呼ばれる銅の価格は、景気に連動する指標として頼られてきました。ガス業者やトラック運送業者など、銅とはおよそ無縁の会社に影響が出るとは考えにくいものの、銅価格が業績に影響のある産業であれば、銅価格と株価は高い相関関係にあります。特に銅山の権益を持つ企業は顕著です。社名に「金属」「金属鉱山」が含まれている企業などが該当します。また、金属資源の権益を持つ五大商社にも似た傾向があります。

column 3
ファンダメンタルズ分析とテクニカル分析はどう使い分ける？

ファンダメンタルズ分析	テクニカル分析

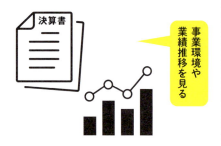

事業環境や業績推移を見る

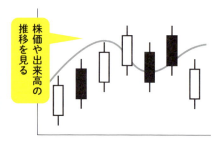

株価や出来高の推移を見る

スゴイ株を見つける

- ○ 企業価値の評価には不可欠
- △ 細かなタイミングは分からない

チャートで買い時を探る

- ○ 細かなタイミングを見極められる
- △ 企業価値の評価はできない

　Part2で学んだスゴイ株の探し方は、企業業績や市場の動向から優良銘柄を探す手法で<u>ファンダメンタルズ分析</u>と呼ばれています。企業価値を推定するには不可欠である一方、短期的には株価は企業価値とかけ離れることもあるため、買い時や売り時を見極めるには向きません。一方、Part3で学んだチャートから売買タイミングを見極める方法は<u>テクニカル分析</u>です。チャートは細かなタイミングを見極めるのに便利ですが、株価の動きだけでは企業価値がわかりません。チャートだけだと、悪い株を買ってしまうリスクは避けられません。==どちらかの分析方法に頼るのではなく、ファンダメンタルズ分析で銘柄を選び、割安性・イベント・チャートでタイミングを考えましょう。==

Part 4
ポートフォリオを改善する

株投資は株を買ってからが本番です。金融所得を向上させるためには、常に最良のポートフォリオを目指し、改善し続ける必要があります。保有中の株の魅力が薄れたり、他によりよい株を見つけたりしたら、乗り換えも考えましょう。ここでは具体的な改善方法について解説します。

Part 4
01 運用の目標を設定すれば迷わない

POINT
確実な収入源になる
「投資家としての基本給」を増やす

　ここまで運用の基本やテクニックについて紹介してきました。「①スゴイ株を、②いいタイミングで買い、③日々ポートフォリオを改善する」この3ステップを守っていれば、資産は右肩上がりに増え続けるはずです。ポートフォリオを管理するためにも、まずは運用目標を立ててみましょう。目標を明確にすることで、いざという時も迷わず投資を続けられます。筆者は「投資家としての基本給を増やすこと」を目標に資産を運用しています。

　基本給とは、定期的に得られる収入源である配当金のことです。配当収入の他にも、成長投資の原資となる内部留保にも注目します。内部留保は、会社員が老後のために蓄える厚生年金みたいなものだと捉えています。配当収入＝基本給、内部留保＝厚生年金、となれば、値上がり益はボーナスに似ている気がします。ボーナスは継続性に欠け、翌年も同じように得られる保証はありません。だからまずは「基本給である配当金と内部留保を着実に増やす」ことを目指し「あわよくばボーナスも狙う」という姿勢が健全な目標だと考えています。

投資家にとっての基本給は配当金

投資家の収入源を会社員に置き換える

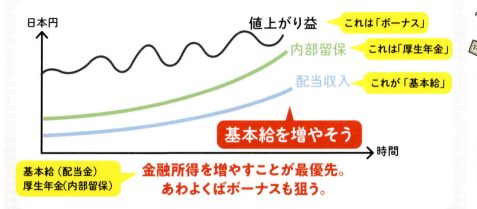

基本給（配当金）や厚生年金（内部留保）といった「金融所得」を着実に増やす方法を考えましょう。運がよければ、ボーナス（値上がり益）も手に入るかもしれません。

ポートフォリオとは保有資産の配分のこと

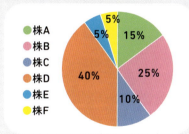

投資におけるポートフォリオとは、投資家が保有する資産の組み合わせのこと。どの金融商品にどれくらい投資をするのか、配分を考えることを「ポートフォリオを組む」といいます。投資の利益の8～9割は、資産配分で決まるといわれているため、とても重要です。上手にリスクを分散して「何があっても大丈夫」と思えるポートフォリオを目指しましょう。

Part 4

02 金融所得を増やす 2つの方法

POINT
管理の目的は「金融所得を増やす」こと

　P122で説明したように、筆者がまず優先しているのは**配当金**と**内部留保**です。これらの金融所得を増やす方法は2つあります。**1つめは「投資先の業績が伸びるのを待つ」方法**です。長期投資家はスゴイ株を目利きして、10年や20年という長いスパンで大きく伸びる会社を探し、長く持つことで金融所得を増やしていきます。**2つめは「もっと条件のいい投資先に乗り換える」方法**です。株式市場が動くと、新しく割安な銘柄が見つかったり、自分の持ち株が割高になったりします。こういった動きを活かして持ち株を調整することで、金融所得を増やしていきます。長期投資は銘柄重視、短期投資はタイミング重視のスタイルです。やっているうちに得意・不得意が分かってきますから、自分の得意なスタイルを極めていきましょう。

　保有銘柄と売買予定の銘柄をリスト化し（P130）、日々株価などを確認しておきます。監視するなかで、いい銘柄の条件に合致しなくなった銘柄があれば売却を、条件も購入タイミングもいい銘柄があれば購入を検討します。銘柄の乗り換えタイミングは、割安性、イベント、チャートなどから総合的に判断します。

金融所得を
増やせないか
考えよう

最優先のゴールは金融所得の向上

目的 **金融所得（＝配当金）アップ！**

> 管理の目的は所得の増加！

手段

ステップ①	ステップ②	ステップ③
保有＆売買予定の銘柄を日々監視！	割安性やイベント、チャートから総合的に判断	金融所得を右肩上がりに増やす

株投資は「買ったら終わり」ではなく、むしろ「買ってからが本番」です。投資先がスゴイ株でなくなったり、投資先以外にスゴイ株が現れたりすることもあります。金融所得を右肩上がりに増やすために、ベストを尽くしましょう。

乗り換えは値動きも見ながら総合的に

長期投資（＝銘柄選定が重要）
↑
銘柄を**入れ替えない**ことで資産が右肩上がりに増える

銘柄を**入れ替える**ことで資産が右肩上がりに増える
↓
短期投資（＝タイミングが重要）

性格や好みによって自分の得意なスタイルは変わってきますから、自分にあった投資スタイルを見つけて、極めていきましょう。

Part **4**
03 金融所得が 伸び悩む2大要因

POINT

投資の2大リスクは 「業績悪化」と「長期低迷」

　本書で学んだことを実践し、金融所得が右肩上がりに増えていれば、資産も増え続けるはずです。しかし、投資判断にはミスがつきもの。買った株が値下がりしたり、長期低迷することもあります。対策をしてリスクに備えましょう。

　投資先が業績悪化するリスクを抑えたい場合は、株を買ってからも投資先の株は「①スゴイ株」なのか繰り返し点検するのが効果的です（点検の仕方は右ページを参照）。**投資先が長期低迷するリスクを抑えたい場合は、投資先を「②いいタイミング」で買えているか、旬が過ぎてしまっていないかを点検しましょう。**割安性が薄れていたり、イベントが特になかったり、チャートが悪くなっていたりしたら、もっと別の銘柄に乗り換えた方がいいかもしれません。タイミングを見極めるのはプロでも難しいですが、チャート分析なら初心者でもとっつきやすいはずです。**チャート分析は、過去の株価の動きをもとに買い時や売り時を見極める方法。**難しいことは実践しながら学ぶとして、まずは持ち株のチャートを監視するところから始めてはいかがでしょうか。

難しいことは、
実践して学ぼう

業績悪化のリスクを抑えたいなら、購入後も企業分析しよう

企業分析

業績悪化しそうな要因がないか調べる

- 仕入れの停滞
- 組織内部の腐敗
- 需要の低迷
- 代替品の台頭
- ライバル出現

企業

調べる時に見たいもの
- 決算説明会資料
- 公式ホームページ
- 「株探」といった投資情報サイト
- ニュース
- 中期経営計画
- 決算書

業績悪化のリスクを抑えたいなら、株の購入後も定期的に企業分析をして値下がりの要因を探し、情報をアップデートし続けましょう。

タイミングは割安性、イベント、チャートで見極める！

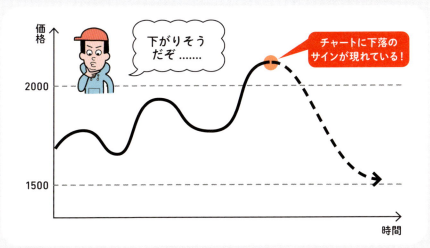

タイミングを見極める方法のなかでも、初心者でもとっつきやすいのはチャート分析ですから、まずはここから実践してみてはいかがでしょうか。

Part 4 04 分散投資でポートフォリオを強くする

POINT
リスクを分散させて盤石なポートフォリオを作ろう

　スゴイ株をいいタイミングで買っても、未来は不確実である以上、損をすることがあります。例えば、日本は地震大国ですから、地震が起きれば設備が壊れ、企業価値が毀損（きそん）されるかもしれません。あるいは、いいタイミングだと思って買っても、不祥事が発覚してズドンと株価が下がるかもしれません。これらのリスクはどう頑張っても避けられませんから、「分散投資」でリスクを分散するのが大切です。**投資する業界、地域、業績変動要因を分散することで、盤石なポートフォリオを目指しましょう。**

　例えば筆者は、輸出企業と輸入企業に分散投資することで為替リスクを相殺しています。他にも、景気に業績が連動しやすい株と、連動しにくい株に分散投資することで、好景気がきても、不景気がきても、どちらでも問題ないようにしています。うまく分散すればするほど、私たちのポートフォリオは強くなります。何が起きても金融所得が右肩上がりに増える「難攻不落のポートフォリオ」を目指しましょう。

特定のリスクが集中していないかチェックすべし

分散投資でリスクを分散する

分散投資
リスクが異なる銘柄を複数持つ

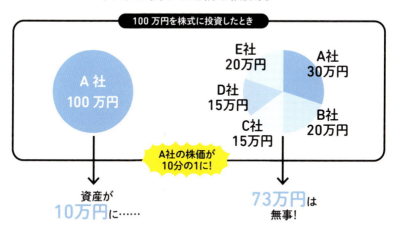

分散投資では、特定のリスクが生じても全滅するのを防ぐことができます。手広く分散して、変化に強いポートフォリオを目指しましょう。

分散投資で効果的な組み合わせ

為替リスクの分散	景気リスクの分散	地域リスクの分散
円安に強い輸出企業	好景気に強いシクリカル株	東日本の株
＋	＋	＋
円高に強い輸入企業	不景気に強いディフェンシブ株	西日本の株

「業績が逆に動く会社」のペアで分散投資すると、より分散効果が高まります。為替（P118参照）や景気、地域、政治など、いろんな観点からリスクを分散しましょう。

Part 4 05 「ポートフォリオ評価シート」を作る

POINT
スゴイ株を一覧にまとめて買い時に気付きやすくする

　筆者は、保有銘柄や監視銘柄を**ポートフォリオ評価シート**（P152）にまとめて、日々の動向を追いかけています（シートの詳細については右ページ参照）。スゴイ株に関する大事な情報を一覧にして下準備することで、株価が大きく動いたり、重要なイベントが起きたり、チャートで買いサインが点灯した時に、すぐに動けるからです。

　まず、Part2で解説した「企業価値向上のストーリー」に当てはまるスゴイ株を探し、見つけた株に関する基本情報をシートに記入します。**このリストを参考に、Part3で解説した株の割安性、イベント、チャートなどを日々監視しながら複合的に買いのタイミングを見極めます**。株を買ってからも、業績修正があるたびに記入事項をアップデートして、必要に応じて、新規の買い付けや保有銘柄の入れ替えを検討します。地道にポートフォリオを改善していき、難攻不落のポートフォリオにしていきましょう。具体的な記入方法はP152で、毎日行うべきルーティン作業はP132で紹介します。

スゴイ株を見つけたら買い時がくるまで監視します

スゴイ株をピックアップする

①会社内部のカイゼンや革新が起きる

②ニーズが急増する出来事が起こる

③ビジネスモデルの革新
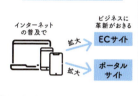

④同業他社の撤退

⑤代替商品の不足
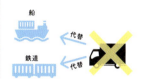

P11の5つのストーリーのいずれかが当てはまる企業は、企業価値が右肩上がりになるスゴイ株といえます。ここをピックアップして、リスト化しましょう。

日々、監視して買い時を待つ

 銘柄監視用「ポートフォリオ評価シート」（P152）　▶　　毎日習慣的にチェックする（P132）

シートに記載してチェックする項目

☑ コード	☑ 購入株数	☑ 厚生年金（REPS ×株数）
☑ 業種	☑ 株価	☑ 予想益回り（EPS ÷株価）
☑ 予想1株益（EPS）	☑ 資産評価額	☑ 予想配当利回り（DPS ÷株価）
☑ 予想1株配（DPS）	☑ 収入合計（EPS ×株数）	☑ 予想内部留保利回り
☑ 予想1株内部留保	☑ 基本給（DPS ×株数）	☑ メモ

情報をまとめて分析を効率化

スゴい株を見つけたら、割安感やイベント、チャートから総合的に判断し、買い時を待ちます。

Part 4 ポートフォリオを改善する

Part 4 06 毎日の管理ルーティンを組み立てる

POINT
歯磨きのように自然と反復するレベルまで習慣化

　ダイエットでも株投資でも、楽しみながら成果を出している人には共通点があります。それは、**「成果につながる習慣」を持っていること**。ダイエットなら「摂取カロリーを減らす」「消費カロリーを増やす」ための習慣、株投資なら「スゴイ株を探す」「いいタイミングを待つ」「ポートフォリオを改善する」といった習慣です。歯磨きやお風呂、日記のように「金融所得を増やすプロセス」を自然と反復するレベルまで習慣化できれば、無理なく楽しみながら、お金を増やすことができるでしょう。

　毎日こなしたいタスクは右ページの①～③のとおり。なにもイベントがない日にじっくり調べて、熟知している持株を「日々監視している」だけなら、筆者は1日5分もあれば終わります。一方、**持株に関する嫌なニュースを見かけた時や、新しく見つけた株についてじっくり調べる時には、まとまった時間を取って調べるようにしています**。「やらないと気持ち悪い」と感じるくらい、日常に溶け込ませるのがポイントです。

3ステップを日常的に繰り返す！

3ステップを繰り返す

やること①

スゴイ株を探す

☑ **開示資料を読む**　☑ **ニュースを見る**

やること②

いいタイミングを待つ

☑ 割安感を見る　☑ イベントを把握　☑ チャートを分析

③が終わったらまた①へ

やること③

ポートフォリオを改善する

☑ **金融所得を増やす**

金融所得が右肩上がりに増えている限りは、②はスキップしてもOK。とはいえ、割安性やイベント、チャートを分析することで値上がりのチャンスを掴みやすくなります。短期的な利回りを高めたい場合は、②もやるとよいでしょう。

Part 4　ポートフォリオを改善する

column 4
ストップ高の翌日、ストップ高銘柄はどうなる?

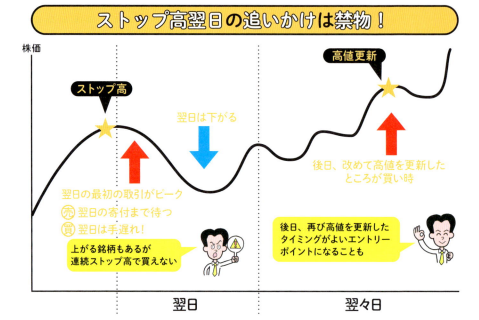

取引所では株価の極端な暴落、急騰を防ぐため、一定の値幅を超えると取引が制限されます。値幅制限の上限を**ストップ高**、下限を**ストップ安**といいます。ストップ高は勢いのある相場と判断することもできますが、後追いは禁物です。経験上、翌日の寄付がピークとなるケースが多く、==ストップ高になってから購入するのは手遅れといえるかもしれません==。また、今後上がり続けそうな人気の銘柄は連続ストップ高で買えない場合が多く、買えてしまう銘柄は人気がないためその後値下がりすることが多い印象です。好決算などによるストップ高を先回りしたいなら、「逆指値注文」（P58）で、好決算で大きく株価が上がった時にだけ買い注文を出すように予約しておく小ワザもあります。また、ストップ高後の反落を待ってから、再び高値を更新したタイミングに買う手もあります。

脱初心者の投資判断

「失敗は成功の母」という言葉があります。よくある投資の失敗パターンを知っておけば、損失を未然に防げるだけでなく、機会損失が減り、より多くのチャンスを掴めるようになります。投資で成功する秘訣は、なるべく損失を抑えること。ここでは脱初心者の投資判断につながる、よくある投資の失敗パターンと対策を解説します。

Part 5
01

よくある投資の失敗パターン①
「好き」「嫌い」で投資先を決める

POINT
株投資では
"好きなこと"をすると負ける

　人生において、「好きこそものの上手なれ」という言葉があるように好きなことはうまくいくことが多くあります。ただし、株投資に限っていえば、**「好きなことをする」と失敗しやすい**です。なぜなら、**「好き嫌い」という偏見を持っていると、好きなものを過大評価したり、嫌いなものを過小評価してしまったりする**からです。そして、好きなものの過大評価と嫌いなものの過小評価を比べると、好きなものの過大評価の方が大きな失敗につながりやすいといえます。

　例えば、いつも使っている好きな商品を販売している企業や好きな経営者の企業なら、「この企業なら大丈夫」と思い込みがちです。しかし、スゴイ株を、いいタイミングで買いたいなら、**好き嫌いだけではなく企業の本質的価値や割安性、イベントやチャートなどを見て総合的に判断する必要があります**。自分の好きな企業に好きなタイミングで投資できれば気持ちがいいかもしれませんが、勝つためには、なすべきことをなす必要があります。

惚れ込んだ経営者の企業に投資しましたが思ったより伸びず……

好きな企業を過大評価しない

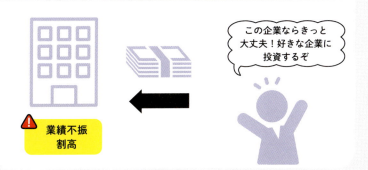

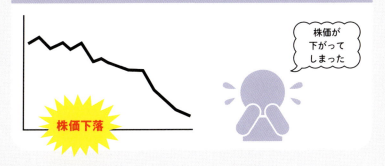

株投資では、「好き」「嫌い」で投資判断をすると失敗する可能性があります。好きでもあえて批判的に見つめ直し、嫌いでも建設的に見つめ直す姿勢が大切です。

Part **5**

02

よくある投資の失敗パターン②
人気や話題性
だけで決める

POINT
"他人が選ぶもの"が正解
とは限らない

人気の商品や、多くの人が支持しているサービスならなんとなく安心、と感じることもあるでしょう。例えば、コンサート会場に行く際に、同じ目的であろう人が歩いている方向に向かってみたり、フレンチレストランでマナーが分からない時にこっそり周りの人の所作を真似てみたり、といった経験がある人もいるかもしれません。このように、**自信が持てないときは周りの人の行動を観察して真似したくなる**ものです。

しかし、投資においては人気な株が優良企業であることは多いですが、**人気になってしまった時点で株価が割高になり、タイミングが悪いケースが多いです。**

投資の格言に**「人の行く裏に道あり花の山」**というものがあります。スゴイ株を見つけたら、人気になった後に買うのではなく、あえて不人気で割安なタイミングを狙うとうまくいきやすいですから、あえて周りの逆をいくことも検討してみましょう。

周りの人の真似をして
人気な株を高値で
買いましたが
完全に出遅れました

138

人気な株は割高なものが多くタイミングが悪い

慣れないうちは、投資先を決めるのが難しく、「みんなが買っている株を真似しよう」と考えてしまう気持ちは分かります。しかし、人気な株ほど割高になりやすいため、焦らず、じっくり買い時を待ちましょう。

Part 5

03
よくある投資の失敗パターン③
他人の意見を
根拠にする

POINT
"根拠なき自信"に
惑わされないようにしよう

　投資をしている人なら共感できるかもしれませんが、自分の投資判断に自信を持てない時に「自分と同じ意見の有名人はいないか？」を探してしまうことがあります。SNSにはさまざまな意見が溢れているため、探せば自分と同じ意見の有名人がいることも珍しくありません。しかし、そこで「やっぱりそうだよね」「この人も同意見なら安心だ」となるのは少々危険です。

　最近は投資系のYouTuberやインフルエンサーも多く、様々な情報にリーチできる一方で、影響力の大きい人の意見には厄介な面もあります。何が厄介かというと、このようにSNSやインターネットの掲示板で株について言及している根拠がないのに自信満々な人の意見に、影響されてしまうこともあるからです。自信満々だとそれだけで実力があるように見えてしまいますし、理由を言わないことで「理由を言わないでも分かるくらい強力な根拠があるのではないか」と錯覚してしまうことも。根拠のない自信に振り回されてもいいことはないので、誰かの自信に便乗するのではなく、確固たる根拠がどこにあるのかを追究するのが大切です。

アメリカが利上げした時に
弱気意見を信じてしまい
買いのチャンスを逃しました

140

「自信」ではなく「根拠」を求める

ネットやSNSで紹介されている株を購入

有名な人がおすすめしているし、よさそうだから投資してみよう

投資チャンネル

○△社の株はこれから絶対上がる！

NG

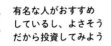

対策　他人の意見に流されることなく投資する根拠と前提の妥当性を自分で詰めていく

海外展開の見込みアリ

決算説明会資料や中期経営計画などで経営戦略を確認する

業績絶好調！

短期的な好業績だけではなく、過去の業績推移を中長期的に見て判断する

自社株買い発表！

自己株式取得の目的や内容、実施日などニュースやTDnetでチェックする

株主還元に積極的！

過去の配当金や優待の実施状況を確認する

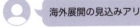

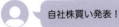

SNSやインターネットの情報は、必ずしも正しいとは限りません。他人から聞いてなんとなく納得したけれど、手書きで根拠を書き出したり、自分で声に出してみたりすると違和感に気付けることも。また、P40〜43の「悪い株の見分け方」も活用しましょう。

Part 5
04 よくある投資の失敗パターン④
過剰なリスクテイク

POINT
"過剰なリスクテイク"は危険
取れるリスクを把握しておく

　株投資を始める前の大前提として**「どこまでリスクを取っていいお金か」「どこからは絶対死守しなければいけないお金か」**を明確に分けておきましょう。数学者ジョン・ケリーが考案した**ケリー基準**という公式によると、リスクテイクには**適切なリスク量**があります。この公式によると、小さすぎるリスクテイクはチャンスを逃して利回りが悪化するだけでなく、大きすぎるリスクテイクも同じように利回りが悪くなることが証明されています。大きなリスクテイクでも利回りが下がる理由は、取り返しのつかない大損をしてしまうからです。

　早く儲けるために「大きなリスクを取ろう」と考え、レバレッジをかけた無茶な取引をする方をたまに見かけますが、これは逆効果です。ケリー基準でも証明されているように、**過度なリスクテイクはリスクを高めるだけで、利回りも落ちてしまうため、「ハイリスク・ローリターン」**なのです。早く儲けたいからこそ、**急がば回れ**ということですね。

生活防衛資金の現金は死守！

リスクの取り過ぎは取り返しのつかない失敗に

失ってはいけないお金を投資に回す

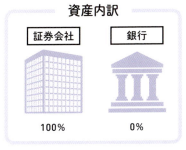

資産内訳
証券会社 100% / 銀行 0%

投資に慣れてきたから運用額をもっと増やそう！

▼

取り返しのつかない失敗をしてしまう

評価損益 -200万円

すごく資産が下がってる！
現金の余裕もないし
損切りもしたくない……

対策

生活防衛資金と投資資金を明確に切り分ける

（円グラフ：投資資金／生活防衛資金）

大まかな目安ではありますが、経験上、株式市場は、5年に1度に20〜30％、数十年に1度に40〜60％くらい下がっています。暴落時には投資資金が半分になる可能性もあるため、株投資は「半分になっても生活に困らないお金」だけで運用しましょう。

Part **5**
05 よくある投資の失敗パターン⑤
成長株に飛びつく

POINT
急成長しているから
スゴイ株とは限らない

　投資で儲けるなら成長性のある企業に投資をするべきですが、**成長している株が必ずしも買い銘柄とは限りません。過去の成長と、これからの成長余地は別物だからです。**

　例えば、飲食チェーン店の場合は **600店舗の壁** と呼ばれる法則があります。これは、600店舗を超えるほどに急成長すると、同じチェーン店同士で顧客の取り合いになってしまい、業績が悪化するというものです。店舗拡大を急ぎ過ぎたあまり出店し過ぎてしまい、ある日を境に閉店ラッシュとなり、大赤字に転落する会社もあります。

　急成長している企業を見ると「これからも成長するだろう」と考えてしまいがちですが、**過去の成長と今後の成長余地は「別物」と切り分け、慎重に吟味する必要があります。**成長株に投資をする場合は、飲食店の600店舗の壁のように、その企業の成長の限界点を把握しておくことが大切です。また、成長スピードが速過ぎる企業への投資は慎重にしましょう。

　成長の持続性を評価する際は、投資先企業の参入障壁にも注目しましょう。例えば、スマホゲーム業界は業界内での競争が激しく、成長したと思ってもすぐに他の企業に追い抜かれてしまうことも珍しくありません。参入障壁の低い業界で成長し続けるのは難しいのです。

継続できない成長を期待するのは危険

急成長している人気店に期待して投資

新店舗がオープンしてる！これから成長しそうだし投資してみようかな

勢いは続かず、業績悪化に

このお店、もう閉店したんだ……

対策

安易に
「過去の急成長
＝今後の急成長」
と考えない

 こんなときは注意

・企業の成長スピードが速過ぎる
・参入障壁が低い

単一事業の成長には限界があり、永遠に成長が続くことはありません。また、成長している人気な業界ほど新規参入業者も多いです。今は業績がよくても、これから競争が激化して、成長できなくなるリスクもあるので気を付けましょう。

Part 5　よくある投資の失敗パターン⑥

06 自信過剰による油断

POINT
「これはイケる！」と自信過剰になると、私たちは油断してリスクを取り過ぎる

　投資で失敗するのは、だいたい油断している時です。そして、どのような時に人は油断するかというと、**「これはイケる！」と自信マンマンな時**です。筆者自身、えてして自信過剰になると、その後に大失敗しました。

　例えば、業績のよい「めちゃくちゃスゴそうな会社」を見つけたときや、ものすごく低 PER・高配当で「めちゃくちゃよさそうなタイミング」の株を見つけた時は、勢いに任せて、つい大きなリスクを取ってしまいやすいので要注意です。投資家も人である以上、判断ミスをします。**「めっちゃスゴイ株」と思ったけど実は大したことはなかったり、「めっちゃいいタイミング」と思ったけど実は最悪のタイミングだったり**、ということもあります。

　自信過剰になる最大の要因は「対立意見を知らない」ことです。自分の考えを盲信するのではなく、あえて逆の立場で考えてみましょう。**「もし自分の投資判断が間違っているとしたら、どこに欠陥があるだろうか？」**と考えてみると、1つ、また1つと、**不安材料が出てくるはず**です。最低でも1回は対立意見をぶつけて、客観的な判断を目指しましょう。

チャンスと感じた時ほど落ち着くべし

自信がある時ほど要注意

超割安だと感じたタイミングで一括投資

その後、株価が下落し含み損に

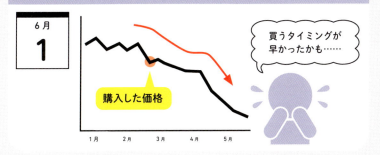

対策

最低でも
1回は対立意見を
ぶつける

⚠ **こんなときは注意**
・超スゴイ株を見つけた時
・超割安な株を見つけた時

中には「自信のある銘柄に集中投資」「自信のあるタイミングに一括投資」とする方もいますが、自信過剰だと危険なので、最低でも1度は対立意見をぶつけるべきです。

Part 5 07

よくある投資の失敗パターン⑦
"付き合い"に流される

POINT
返報性の原因になる
非効率な"馴れ合い"には要注意

スーパーマーケットで試食をしたら買わないと悪い気がするなど、誰かに何かをしてもらったら、お返しをしないといけないと感じる人間の性向を**返報性**といいます。これは投資においてはとても厄介で、**したくもない投資をしてしまう原因になる**ことがあります。

例えば、対面の証券会社を使っている場合は、いい儲け話を持ってくる代わりに**付き合いとしての投資**を要求される可能性もあります。もちろんそのような営業をする証券マンばかりではないでしょうが、対面の付き合いがある限り、可能性はゼロではないのです。紹介された付き合いとしての投資も自分にとって有益であれば問題ないのですが、**その投資先が暴落した場合に証券マンが責任を取ってくれるわけではありません。**

営業マンも仕事ですから、ノルマを達成するためにあの手この手であなたに取引を持ちかけてきます。証券マンとの「付き合い」がトータルで見てマイナスだと感じるようなら、面倒ごとを根本から断つため、ネット証券に乗り換えてしまうのも1つです。

投資の結果は自己責任！
馴れ合いは禁物

付き合いでの投資はNG

付き合いで断り切れずに投資する

証券マン:「先日紹介したIPO株は上がりましたね！こちらもいい商品なので、どうですか？」

「うーん、あまり魅力を感じないけど、お世話になっているから購入するか……」

付き合いで投資した商品が暴落

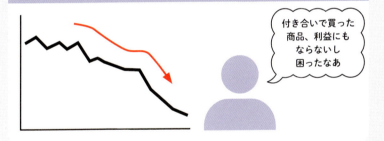

「付き合いで買った商品、利益にもならないし困ったなあ」

対策

対面証券は使わない ネット証券への乗り換えも検討

証券マン:「ちょっと融資を手伝ってくれない？」

「今、ちょうど入り用で……」

投資において馴れ合いは損失の原因になりかねません。馴れ合いが発生しそうな対面証券はやめて、ネット証券に乗り換えるなどの検討をしてみましょう。

最後に、著者が
あなたに伝えたいこと

「株投資の初心者が、チャートを使って、手軽にサクッと儲けられるようになる本を
出したい」

　これが、出版社と編集プロダクションから届いた「最初の企画書」でした。担当し
てくれたのは若手の男女で、株投資の知識をほとんど持っていませんでした。「でも、
あのグラフみたいなやつ（チャートのこと）を見れば、誰でもカンタンに儲かるんで
すよね？」と、なぜか「誰でもカンタンに儲かる」と思い込んでいる彼らは、いかに
も「いいカモ」になりそうでした。

　株投資で勝てる人は少ないです。SPIVA® 日本スコアカードによれば、プロの投資
家でさえ、市場平均を15年上回り続けているファンドはたったの2割しかありませ
ん。投資の世界は厳しいのです。

　不安な気持ちで迎えた打ち合わせ初日。そこで私は「チャートは、ほとんどのパター
ンが儲かりません。何百回、何千回と調べましたけど、効果のないものばかりでした」
と伝えました。すると、参加する皆さんが気まずい顔になりました。さすがにマズイ！
と思い、「中には役に立っているものもあるし、チャート以外でも利益につながって
いるものもあります。それらを教えることはできます」と私は補足しました。

　しかし、3カ月後。「企画を練り直した」と、メールが届きました。内容を見ると
①スゴイ株を探し、②タイミングを見極めて、③ポートフォリオを改善する、という、
株投資の本質をズバリ突く、素晴らしい企画にまとまっていました。

　世の中には、株投資で勝ちたくても、夢が叶わず退場してしまう方がたくさんいま
す。この本を通じて、初心者でも分かるように、厳しい投資の世界でも勝ち続ける「再
現性のある投資プロセス」を伝えられたなら、すごいことだと思いました。

こうして、本書の執筆が始まりました。株投資のプロセスは「①スゴイ株を探し、②タイミングを見極めて、③ポートフォリオを改善する」とシンプルです。シンプルといっても実践しようと思うと簡単ではなく、「どうしたらいいか分からない」と道に迷う方が大半です。だから本書では、道に迷わないように必要なポイントを網羅しました。道に迷った時には、目次を開けば、ひと目で知りたいところが分かり、すぐに読み返せるようにできています。

　問題となった「チャート」についても、私自身が念入りに調べて、身銭を切って実践したことがあるものや、それに類するものだけを厳選しました。日本の上場企業約4000社、10年分の株価データを全部調べ、裏を取っています。

　また、本書が一味違うのは「資産評価額ではなく、金融所得が右肩上がりになることを目指す」点です。ほとんどの個人投資家は株価を見て一喜一憂しています。しかし、本書では「大事なのは株価が上がるかどうかではなく、金融所得を右肩上がりに増やすことなのだ」と書きました。この視点の違いが分かった方は「なんだシンプルじゃないか」と思えたと思います。

　株投資の目的は「リスクを抑えてリターンを追求すること」ですから、最低限の知識は絶対に身に付けた方がよいです。その上で、エンジョイ勢になるか、ガチ勢になるのかは個人の自由です。投資は自己責任ですから、好きな株を好きなタイミングで買って、好きなポートフォリオを作ればよいと思います。

　とはいえ、最近はインフレも激しく、「生活が苦しくて楽しむどころじゃない。株投資で成功して生活を楽にしたい」と、切に願う方も増えているでしょう。こういった切実な思いにも応えられるように、すぐに使えるくらい分かりやすく、家計の助けになれるように手堅い内容を目指しました。

　この一冊を読み終えたあなたは、スゴイ株を見つけ、タイミングを見極め、盤石なポートフォリオを築ける知識が身に付いているはずです。あなたの人生に役立つことを願っています。

| 実践してみよう！ | ダウンロード特典付き |

ポートフォリオ評価シートを作る

ポートフォリオ評価シートで銘柄を監視

ポートフォリオ評価シートの見本

1	コード	1234	5678	9000
	業種	情報・通信	化学	建設業
	①予想1株益 EPS	423.2	257.5	229.5
	②予想1株配当 DPS	130	188	80
	③予想1株内部留保 REPS（①−②）	293.2	69.5	149.5
2	④購入株数	300	300	100
	⑤株価	3105	3170	1295
	⑥資産評価額（④×⑤）	931,500	951,000	129,500
	⑦収入合計（①×④）	126,960	77,250	22,950
	⑧配当収入（②×④）	39,000	56,400	8,000
	⑨内部留保（③×④）	87,960	20,850	14,950
	⑩予想益利回り（①÷⑤）	13.6%	8.1%	17.7%
	⑪予想配当利回り（②÷⑤）	4.2%	5.9%	6.2%
	⑫予想内部留保利回り（③÷⑤）	9.4%	2.2%	11.5%
	メモ			

※株価指標を書き写すだけ

※これらの数字が大きな株を買い、数字の小さな株を売る

1 株の情報サイトで気になる銘柄を調べて指標からEPSとDPSを書き写す
2 どの株を何株ずつ買うか決める　　1つの銘柄、1つの業種に偏らないように注意
3 計算して表を埋める
4 最低でも週に3ヶ月に一度見返して、改善余地がないか検討する

実際にポートフォリオ評価シートを書いてみる

保有・検討している投資先の情報を記入するだけ

コード				
業種				
①予想1株益 EPS				
②予想1株配当 DPS				
③予想1株内部留保 REPS（①－②）				
④購入株数				
⑤株価				
⑥資産評価額（④×⑤）				
⑦収入合計（①×④）				
⑧配当収入（②×④）				
⑨内部留保（③×④）				
⑩予想益利回り（①÷⑤）				
⑪予想配当利回り（②÷⑤）				
⑫予想内部留保利回り（③÷⑤）				
メモ				

- ①EPS ……………… 1株当たりの純利益
- ②DPS ……………… 1株当たりの配当金
- ③REPS ……………… EPSからDPSを引いた値。1株当たりの内部留保。筆者の造語。「Retained Earnings Per Share」の略
- ⑨内部留保 ……………… 純利益のうち配当に回されず会社に留保される部分
- ⑩予想益利回り ……………… 株価の割安性が分かる。目安は8％以上
- ⑪予想配当利回り ……………… 年率換算した配当金の利回り。目安は4％以上

シートをダウンロード

※QRコードにアクセスして「特典」ボタンからダウンロードできます。ダウンロードには「CLUB Impress」への会員登録(無料)が必要となります。

金融所得トラッカーで資産を管理

このトラッカーを使えば「いまの金融所得がどれくらいなのか？」がすぐに分かります。「金融所得を増やす」ように株取引していると、資産評価額も右肩上がりに増えるでしょう。

金融所得トラッカーの見本

- 「ポートフォリオ評価シート」の保有している株の「⑧配当収入」を全て足した合計額
- 「ポートフォリオ評価シート」の保有している株の「⑨内部留保」を全て足した合計額
- この表の「①配当合計」「②内部留保合計」を足した合計額
- 「ポートフォリオ評価シート」の保有している株の「⑥資産評価額」を全て足した合計額

日付	①配当合計	②内部留保合計	収入合計（①+②）	資産評価額
2024/12/1	189,000	248,900	437,900	681,250
2024/12/2	189,000	248,900	437,900	682,120
2024/12/3	189,000	248,900	437,900	682,290

毎日少しずつこの3列の数字を増やすことを目標にする

金融所得が右肩上がりに増えていけば、おのずと資産評価額も増えていきます

内部留保は年金に似ている

内部留保は主に成長投資に使われる

利益 / 配当 / 投資 / 上場企業 / 投資家 / 内部留保

内部留保＝配当予備軍

内部留保をしていても業績が伸びずに腐らせてしまったり、株主に還元する気がない企業もあるので、気を付けましょう

実際に金融所得トラッカーをつけてみる

ダウンロードして定期的に書き込もう

日付	①配当合計	②内部留保合計	収入合計（①+②）	資産評価額

言葉の意味を知って、株投資をもっと楽しむ

株の基礎用語

株投資を始めると聞きなれない言葉がたくさん出てきて、戸惑うこともあるかもしれません。
そんな時に役立つのが、頻出ワードを紹介するこのページ。
最後まで読めば理解が深まり、投資の世界がもっと身近に感じられるはずです。

悪材料 [あくざいりょう]

個別銘柄の株価や相場全体が下落する要因、「売り材料」や「弱材料」とも呼ばれる。企業業績の悪化や不祥事、経済指標の不振、政治的なリスクは悪材料となる可能性が高い。

EMA [いーえむえー]

指数平滑移動平均線のこと。移動平均線の一種であり、直近の価格に素早く反応する。単純移動平均線（SMA）は一定期間のデータを均等に扱うが、EMAはすべての過去データを計算対象としつつ、新しいデータはおおまかには2倍にして計算する仕組みになっている。

ETF [いーてぃーえふ]

証券取引所に上場している投資信託。上場投資信託の英語名称の略。株と同様に市場で売買され、取引時間中はリアルタイムで価格が変動する。通常の投資信託と異なり、売買のタイミングを自由に選べる点が特徴。

インサイダー取引 [インサイダーとりひき]

企業の内部情報を利用して、利益を得る目的で株などの取引を行うことを指す。内部情報とは、一般にはまだ公開されていない重要な情報のこと。決算内容、合併、事業提携、新商品の開発などが含まれる。インサイダー取引は、市場の公平性を保つために法律で禁じられている。違反した場合は罰金や懲役といった刑罰を受ける可能性がある。インサイダーとは役員や従業員持株会など、企業内部にいる人間を指す。「合法的にインサイダーが買っているときは、割安のサインであり、株価が上がる傾向」というアノマリーもある。

株主総会 [かぶぬしそうかい]

株主総会とは、株式会社の重要な事項を決定する場である。会社のオーナーである株主が集まり、会社の経営方針や財務状況について報告を受け、議案の承認や役員の選任・解任などの決議を行う。株主総会の議決権は、保有する株数に応じて与えられる。

空売り [からうり]

空売りとは、自身で株を保有していない、あるいは保有している場合でもそれを使わず、他人から借りた株を売却する取引手法である。株価の下落を予測した際に利用されることが多く、現在の株価で株を売却した後、価格が下がったタイミングで買い戻しを行い、その株を貸し主に返却する仕組みである。株価の下落局面でも利益を出すことができる。

機関投資家 [きかんとうしか]

組織的に投資活動を行う大口投資家のことを指す。具体的には、保険会社や投資顧問会社、投資信託会社、年金基金、共済組合など。

保険会社や年金基金であれば加入者の保険料、投資信託会社であれば購入者の支払った資金を管理、運用し、投資を行う。

企業価値　[きぎょうかち]

投資先企業から引き出すことのできるキャッシュフロー（現金）の割引現在価値のこと。一般的にはDCF法やEP法で推定するが、本書では「EPS÷0.08」という簡易的な式を使用。

キャッシュフロー　[キャッシュフロー]

一定期間内の企業や個人の現金の流れを指す。収入と支出の差を示し、資金繰りの状況を把握するために用いられる。営業キャッシュフローは本業の事業活動による現金の増減を示す。企業のキャッシュフローは、収益性や財務の健全性を評価する指標の1つであり、経営判断や投資判断に活用される。

グロース株　[グロースかぶ]

業績が好調で、引き続き今後の成長が期待できる企業の株のこと。成長株ともいう。売上高や営業利益、1株当たり純利益（EPS）の成長率が重視される。

決算　[けっさん]

決算とは、企業の一定期間における経営成績や財政状況を取りまとめる作業。1年間の決算を「本決算」、半期の決算は「中間決算」と呼ぶ。決算内容には、企業の経営成績を示す「損益計算書」、財務状態を表す「貸借対照表」、お金の流れを示す「キャッシュフロー計算書」が含まれる。これらの情報は決算短信として整理され、公表される。

決算短信　[けっさんたんしん]

上場企業が投資家や市場関係者に向けて決算情報を発表する資料。有価証券報告書と異なり、決算短信は速報性を重視して作成されるため、推測も含まれている。決算短信には、売上高や営業利益、経常利益、純利益などの主要な財務情報に加え、業績の概況や今後の見通しが記載される。企業の公式サイトや証券取引所のウェブサイトで閲覧が可能であり、投資判断の参考として利用されることが多い。法定開示書類ではなく、証券取引所の規則により提出が求められている。

気配　[けはい]

株の取引において、売り手の「売りたい価格」、買い手の「買いたい価格」を指す。取引の目安になる価格とされる。買い注文だけで売り注文が出ていない状態を「買い気配」、その逆を「売り気配」「ヤリ気配」と呼ぶ。

五大商社　[ごだいしょうしゃ]

日本を代表する総合商社のうち、売上規模や事業規模が特に大きい5社を指す。具体的には、三菱商事、三井物産、伊藤忠商事、住友商事、丸紅の5社。総合商社は多岐にわたる事業を展開し、世界中で貿易や投資を行う。五大商社は日本経済において重要な位置を占めている。

なるほど！そういう意味だったのか

サプライズ決算　[サプライズけっさん]

上場企業が投資家や市場関係者に向けて企業が発表する決算内容が市場の予想と大きく異なる場合を指す。予想を上回る決算は「ポジティブサプライズ」、下回る決算は「ネガティブサプライズ」と呼ばれる。サプライズ決算が発表されると、投資家の予想とのギャップにより株価が大きく変動することがある。

時価総額 [じかそうがく]

株価に発行済み株数を掛けた額のこと。株の個別銘柄の規模を示す場合と、市場全体の規模を示す場合の両方で使われる言葉。

シクリカル株 [シクリカルかぶ]

景気の変動に影響されやすい業種の企業の株を指す。シクリカルとは循環的な景気変動を指す。景気の変動によって業績が好転したり、悪化する業界のことを「シクリカル業界」という。鉄鋼、自動車、工業といった業種がこれにあたる。

自社株買い [じしゃかぶがい]

企業が発行した自社の株は、自社株と呼ばれる。商法ではかつて企業が自社株を保有することを原則として禁止していたが、1994年の商法改正により一定の条件で保有が認められるようになった。自社株を買い戻すことにより、市場に出回る株の数が減るため、支払う配当金を減らすことができる。買い戻した株を消却する＝消滅させることにより、発行済み株式総数が減るため、1株当たりの利益が増加する。

信用買い [しんようがい]

投資家が証券会社に委託保証金を預け、買付資金を借りて行う株取引。自己資金以上の取引が可能になる。期限が決まっている場合、一定期間内に売却または決済が必要。

隙間市場 [すきまいちじょう]

隙間市場とは、競争が少ない特定の分野や需要に特化した市場である。ニッチ市場ともいう。大手企業が参入していない市場を指す場合もある。隙間市場で高いシェアを持つ企業や製品をニッチトップという。市場規模は比較的小さいが、大企業が参入しにくいため企業は競争に巻き込まれにくく、安定した業績を

築くと期待できる。

セクター [セクター]

企業を業種やテーマごとに分類したグループのこと。「小売業」「卸売業」「電気・ガス業」などが日本株のセクターの例である。同セクターに属する企業は事業特性が似ているため、株価の動き方も似ることがある。

節税売り [せつぜいうり]

含み損がでている保有株を売却し、既に得ている課税対象の利益と相殺すること。税金の支払いを少なくする目的で行われる。

タコ配 [たこはい]

タコ足配当の略。企業が利益ではなく、自己資本や資産を取り崩して配当を行うことを指す。通常、配当は企業の純利益から支払われるが、タコ配の場合は収益が不足している状況でも資本を取り崩して支払われる。「タコ足配当」という名称は、タコが自らの足を食べて生き延びるという俗説に由来する。

WMA [だぶりゅーえむえー]

加重移動平均線のこと。移動平均線の一種。EMAの次に直近の価格に重きを置いており、価格の比重を過去にむけて小さくしていく計算式で算出する。

言葉の意味が分かると情報の解像度が上がる！

TDnet [てぃーでぃーねっと]

東京証券取引所が運営する「適時開示情報伝達システム」の英語名称の略。上場企業が

重要な情報を投資家に迅速かつ正確に伝えるためのシステムである。企業は、決算報告や業績予想、株主総会の議題など、株価に影響を与える可能性のある情報をTDnetを介して公表する。上場企業は、会社情報の適時開示を行う場合に、TDnetを利用することが上場規程により義務付けられている。

DPS ［でぃーぴーえす］

1株あたりの配当金のこと。支払い済み年間配当金を、発行済み株数で割った値。DPSを株価で割ることで、配当利回りを計算することができる。

ディフェンシブ株 ［ディフェンシブかぶ］

景気の変動に影響されにくく、景気後退時でも業績が大きく悪化しない業種の銘柄のこと。ディフェンシブは防衛的という意味。とくに生活必需品である食品や日用品、医薬品、公共インフラを提供するガス、通信などの業種を指す。

TOPIX ［とぴっくす］

Tokyo stock price indexの略。東京証券取引所に上場する全銘柄の株価を基に算出され、日本の株式市場全体の動向を示す指標。対象銘柄の時価総額を基準時点の時価総額で割った値にもとづいており、市場全体の価格の変動を反映する。

配当性向 ［はいとうせいこう］

企業が当期純利益のうち、どれだけを株主への配当金として支払ったかを示す指標。計算式は「配当金÷当期純利益×100」で、パーセンテージで表される。配当性向が高い企業は、利益を株主還元に多く回しているといえる。一方、低い場合は、企業が内部留保に利益を回していることを示す。内部留保の使い道は企業によって違うため、注意が必要。

バリュー株 ［バリューかぶ］

企業の業績や価値に対して株価が割安と判断される企業の株のことを指す。割安株ともいう。市場の平均やこれまでの成績を基準に、企業の本来の価値よりも株価が低くなっている状態。そのため、投資家は企業の価値が市場に正しく評価されることで将来的に株価が上昇する可能性を見込み、投資を行うことがある。

踏み上げ ［ふみあげ］

空売りをしていた銘柄の株価が上昇した際に、損失を避けるために買い戻しを行うことを指す。売りポジションが増加している状態で株価が上昇すると、空売りをしていた投資家が次々と買い戻すため、株価がさらに上昇することがある。

ボラティリティ ［ボラティリティ］

株価の上下の「変動の大きさ」を表す言葉。株価が急に上がったり下がったり、動きが激しいことを「ボラティリティが高い」と表現する。

ROIC ［ロイック］

投下資本利益率のこと。企業が事業活動のために調達した資金に対して、どれだけ効率的に利益を生み出したかを示す財務指標である。計算式はROIC＝税引後営業利益÷投下資本＝税引後営業利益÷（有利子負債＋株主資本）。

株投資が身近に感じられるね

[著者] 中原良太（なかはらりょうた）

個人投資家・トレーダー。株とマネーについて発信しています。18歳に株を始め、25歳でYahoo!株価予想達人で「ベストパフォーマー賞」受賞。モットーは「地道にコツコツ」。メルマガ『株予報』を発行。YouTube登録者6.2万人超。MENSA会員。パズル大好き。妻と娘はもっと大好き。
X:@STOCKFORECASTjp・YouTube:@stockforecast
公式ブログ：https://stockforecast.jp

[編集] ペロンパワークス（株式会社ペロンパワークス・プロダクション）

主にマネー系コンテンツを中心に情報誌、金融機関のネットメディアやPRツールの企画・編集・執筆を多数手がける。これまでに日本経済新聞（日本経済新聞社）、税務研究会、日本FP協会、楽天証券、マネックス証券などの各種コンテンツ制作を担当。
https://pelonpa.com/

イラスト：室木おすし
ブックデザイン：吉光さおり（Kamigraph Design）
編集：藤森まいこ
編集長：山内悠之

本書のご感想をぜひお寄せください
https://book.impress.co.jp/books/1123101154

読者登録サービス CLUB impress
アンケート回答者の中から、抽選で図書カード（1,000円分）などを毎月プレゼント。
当選者の発表は賞品の発送をもって代えさせていただきます。
※プレゼントの賞品は変更になる場合があります。

■商品に関する問い合わせ先

このたびは弊社商品をご購入いただきありがとうございます。本書の内容などに関するお問い合わせは、下記のURLまたは二次元バーコードにある問い合わせフォームからお送りください。

https://book.impress.co.jp/info/

上記フォームがご利用頂けない場合のメールでの問い合わせ先
info@impress.co.jp

※お問い合わせの際は、書名、ISBN、お名前、お電話番号、メールアドレス に加えて、「該当するページ」と「具体的なご質問内容」「お使いの動作環境」を必ずご明記ください。なお、本書の範囲を超えるご質問にはお答えできないのでご了承ください。

● 電話やFAXでのご質問には対応しておりません。また、封書でのお問い合わせは回答までに日数をいただく場合があります。あらかじめご了承ください。
● インプレスブックスの本書情報ページ　https://book.impress.co.jp/books/1123101154　では、本書のサポート情報や正誤表・訂正情報などを提供しています。あわせてご確認ください。
● 本書の奥付に記載されている初版発行日から3年が経過した場合、もしくは本書で紹介している製品やサービスについて提供会社によるサポートが終了した場合はご質問にお答えできない場合があります。

■落丁・乱丁本などの問い合わせ先

FAX　03-6837-5023
service@impress.co.jp
※古書店で購入されたものについてはお取り替えできません。

株価予想の達人が教える株投資 初心者でもチャートで逃さない買い時・売り時

2025年3月11日　初版発行

著者　　中原良太
編集　　ペロンパワークス
発行人　高橋隆志
編集人　藤井貴志
発行所　株式会社インプレス
　　　　〒101-0051 東京都千代田区神田神保町一丁目105番地
　　　　ホームページ　https://book.impress.co.jp/

本書は著作権法上の保護を受けています。本書の一部あるいは全部について、著作権者および株式会社インプレスからの文書による許諾を得ずに、いかなる方法においても無断で複写、複製することは禁じられています。

Copyright © 2025 Ryota Nakahara
印刷所　株式会社暁印刷
ISBN 978-4-295-02123-0　C2033　Printed in Japan

・本書の内容は2025年1月現在のものです。企業情報や制度の内容など、将来的に変更になる可能性があります。
・本書に登場する会社名、商品名は各社の登録商標または商標です。本文では®マークや™は明記しておりません。